Ba

Basis-Diskothek Jazz

Von
Ralf Dombrowski

Mit einem Nachwort von
Manfred Scheffner

Philipp Reclam jun. Stuttgart

RECLAMS UNIVERSAL-BIBLIOTHEK Nr. 18372
Alle Rechte vorbehalten
© 2005 Philipp Reclam jun. GmbH & Co., Stuttgart
Umschlagabbildung: Miles Davis, 1969 (Foto: © Uwe Rau, Berlin)
Gesamtherstellung: Reclam, Ditzingen. Printed in Germany 2006
RECLAM, UNIVERSAL-BIBLIOTHEK und
RECLAMS UNIVERSAL-BIBLIOTHEK sind eingetragene Marken
der Philipp Reclam jun. GmbH & Co., Stuttgart
ISBN-13: 978-3-15-018372-4
ISBN-10: 3–15-018372-3

www.reclam.de

Inhalt

Vorwort

Ein Buch wie dieses ist das Resultat ausgiebiger Diskussionen. Bis auf einen harten Kern von rund einem Dutzend unumstößlicher Meisterwerke wie Miles Davis' *Kind Of Blue*, John Coltranes *A Love Supreme*, Ornette Colemans *Free Jazz*, Max Roachs *We Insist!*, Charles Mingus' *The Black Saint And The Sinner Lady* oder Oliver Nelsons *The Blues And The Abstract Truth* kann sich dabei die Fangemeinde nur selten auf einen verbindlichen Kanon einigen. Und das liegt in der Natur der Sache. Denn jede Aufnahme, die man zur Hand nimmt, stellt Fragen, verweist auf Seitenlinien, Vorgänger und Nachfolger, die nicht selten aus einem anderen Blickwinkel ähnlich viele Qualitäten aufweisen wie die ausgewählten Titel. Die Vielfalt ist faszinierend und es ist klar, dass aus Platzgründen manche der von anderen geschätzten Hörjuwelen in meiner Zusammenstellung nicht vorkommen können.

Also mussten Entscheidungen getroffen werden, die nach nachvollziehbaren Kriterien Prioritäten setzen. Für mich sind neben den Konsens-Meisterwerken zunächst Aufnahmen relevant, die in repräsentativer oder exemplarischer Form die Kunst eines Musikers abbilden. Ich habe daher meistens, aber nicht immer die Alben ausgewählt, die von der Forschung als die zentralen Werke angesehen werden. Denn manchmal sagen, wie etwa bei Ella Fitzgerald oder Jimmy Giuffre, die im Repertoire etwas abgelegeneren Titel mehr über die Kompetenz eines Künstlers aus als die Bestseller, so es sie denn gibt. Außerdem ist mir die historisch-kulturelle Einordnung einer Aufnahme wichtig. Jede Platte hat ihre Geschichte, der ich nachgespürt habe, um sie zu erzählen. Das wiederum führt zu einer technischen Entscheidung. Ich konzentriere mich auf das Konzept Langspielplatte bzw. CD als eigenständiges, noch erhältliches Werk und greife nur in begründeten Ausnahmen wie Louis Armstrong, Billie Holiday oder Art Tatum auf Sampler zurück. Dabei liegt der Fo-

kus weniger auf der Vor- und Frühgeschichte der Jazzent-
wicklung – denn die ist inzwischen hinreichend publizistisch
behandelt – als eher auf den Resultaten, die seit der LP-Ära
daraus folgen und noch immer Relevanz haben.

Darüber hinaus halte ich die europäische Szene aus der
heutigen Sicht für wichtiger als manche Kollegen und habe
daher einige ihrer stilprägenden Vertreter wie Jan Johansson, Albert Mangelsdorff oder Louis Sclavis in die Auswahl
aufgenommen. Nicht zuletzt ist es mir ein Anliegen, bei allem Spezialistentum verständlich zu bleiben. Denn schließlich geht es weniger darum, den Fachkennern ihre Kompetenz zu bestätigen, als eher um die interessierten Jazznovi-
zen, die eine Basis-Diskothek als Orientierungshilfe zur
Einschätzung von Künstlern und deren Musik in der Hand
halten möchten. Was aber nicht ausschließt, dass es auch für
den Hörprofi noch manches Album zu entdecken gibt.

Und noch etwas. Jedes Buch ist ein Kraftakt, der nur
zustande kommen kann, weil viele Menschen direkt oder
mittelbar helfen. Ein Autor ist daher auf die Nachsicht
und Unterstützung einer Umwelt angewiesen, die ihm
den Rücken für seine Höhenflüge und Abstürze freihält.
Meine Bewunderung gilt meiner Familie, die einen zer-
streuten Vater und Ehemann ertragen hat, der von Tranes
und Lady Days fabulierte und mit seinen Gedanken zuweilen ganz woanders war. Kompetente Unterstützung
kam auch von Thomas J. Krebs, dessen wohlsortiertes Ar-
chiv manche Lücke der eigenen Sammlung gefüllt hat.
Schließlich waren da noch Freunde und Kollegen wie
Gert Filtgen, Ssirus W. Pakzad, Roland Spiegel und Marcus Woelfle, die mit Rat und Geduld die Entstehung des
Buchs begleiteten. So kann ich nun mit einem zufriedenen
Lächeln auf 120 Rezensionen blicken und zugleich der
Basis-Diskothek das womöglich abgenudeltste, aber noch
immer unschlagbare Zitat von Frank Zappa voranstellen:

Jazz is not dead. It just smells funny!

In diesem Sinne viel Spaß bei der Lektüre.

120 Alben von A bis Z

John Abercrombie

Timeless

ECM 1047

Lungs / Love Song / Ralph's Piano Waltz / Red And Orange / Remembering / Timeless
John Abercrombie (g), Jan Hammer (p, synth, organ), Jack DeJohnette (dr)
New York, Generation Sound Studios, 21./22. Juni 1974

Alle drei kamen vom Powerplay. John Abercrombie
(*1944) hatte sich als Studioprofi im Umkreis der Brecker
Brothers, Billy Cobhams oder auch Gato Barbieris eingeführt. Jan Hammer war gerade im Begriff, bei John
McLaughlins Mahavishnu Orchestra auszusteigen, mit
dem er seit 1971 rund 500 Konzerte gespielt hatte. Jack
DeJohnette wiederum saß spätestens seit seiner Arbeit
mit Miles Davis – er saß unter anderem beim Pionieral-
bum des Jazz Rocks »Bitches Brew« am Schlagzeug – als
vielseitiger Polyrhythmiker mit Sinn für feine Dynamik-
nuancen. Sie spielten sporadisch als Trio zusammen und
als sie im Juni 1974 die Möglichkeit bekamen, ein Album
aufzunehmen, ließen sie sich treiben. Das stilistische Spektrum von »Timeless« war weit gehalten und reichte vom
wild hardboppigen Intro von *Lungs* bis zum humorvollen Frohsinn der ⅝-Ballade *Ralph's Piano Waltz*. Jeder
Musiker bekam genug Raum, um seine Stärken auszuspie-
len, die Atmosphäre war hörbar entspannt und inspirierend. Jan Hammer etwa experimentierte als einer der führenden Jazzkeyboarder der Siebziger mit den Möglichkeiten der Sounds, die ihm die noch archaischen Geräte
boten. Seine Synthesizer sangen und erzählten, die Effekte
waren zweckgebunden und wurden nicht um ihrer selbst
willen eingesetzt. Vor allem an der Hammondorgel entfernte er sich durch alterierte Harmonik, eine ungewohnt

gitarrenähnliche (*Lungs*), stellenweise quasi-klassische So-
listik (*Red And Orange*) und einfallsreiche Basslinien
(*Ralph's Piano Waltz*) weit vom Funk-Idiom der Sechziger. DeJohnette erwies sich als herausragender, kommentierender Begleiter, der sich trotz überaus dichtem Spiel
nicht in den Vordergrund drängte. Abercrombie wiederum stand am Anfang seines Single-Note-Stils, war
im Sound und bei Fills stellenweise noch von John
McLaughlin und Carlos Santana beeinflusst. Trotzdem bewährte er sich bereits als einfallsreicher Melodiker mit einer Neigung zu überraschenden Wendungen. »Timeless«
war daher ein früher Knotenpunkt dreier noch wachsen-
der Karrieren, an dem die Stränge von Rock, Rock-Avant-
garde, Modern Jazz und Soundentwicklung zusammenlie-
fen.

Cannonball Adderley

Mercy, Mercy, Mercy

Capitol/EMI 829915-2

*Fun / Games / Mercy, Mercy, Mercy / Sticks / Hippodelphia / Sack
O' Woe*

Julian ›Cannonball‹ Adderley (as), Nat Adderley (tp), Joe Zawinul
(p, el-p), Victor Gaskin (b), Roy McCurdy (dr)
Los Angeles, The Club, 20. Oktober 1966

Es war als einfache Recording Session gedacht. Nachmit-
tags übten die Musiker, abends fanden sie sich im Haus-
club der Capitol vor knapp hundert Leuten ein und spielten ein Konzert auf Band. Doch bei dieser Aufnahme war
etwas anders. Denn die Band des Altsaxofonisten Cannonball Adderley (1928–1975) hatte einen neuen Song von
Joe Zawinul ins Programm genommen. Er war ursprüng-

lich als kleines, soulbluesiges Mid-Tempo-Thema für die Sängerin Esther Marrow gedacht, hatte aber während einer Probe den Weg ins Repertoire des Quintetts gefunden. Ein paarmal hatte ihn die Band bereits gespielt, bei einer dieser Gelegenheiten war dem Stück durch einen Zuruf aus dem Publikum der Titel *Mercy, Mercy, Mercy* zugeflogen. Den besonderen Kick aber bekam es durch ein Wurlitzer-E-Piano, das im Club der Aufnahmesession in L. A. auf der Bühne stand. Zawinul entschied sich spontan, das noch relativ junge Instrument statt des üblichen Klaviers für den Song einzusetzen, und formte damit nicht nur seinen ersten Hit, sondern einen souligen Sound, der bald von zahlreichen Pianisten übernommen und kopiert wurde. *Mercy, Mercy, Mercy* jedenfalls entwickelte sich zum Bestseller und landete auf Platz 11 der Billboard-Charts. Es wurde von der Rock'n'Roll-Band The Buckinghams gecovert, millionenfach verkauft und hielt Zawinul von da an durch Tantiemen den Rücken frei. Das Stück sorgte dafür, dass das Adderley Quintett im Fillmore Auditorium als Vorband von The Who eingeladen wurde, und verhalf überhaupt dem Souljazz zu einem immensen Popularitätsschub. Und es überstrahlte den Rest des lässigen Live-Abends im Club. Dabei hatten funky Kompositionen wie *Games* und *Sticks* ebenfalls Partyqualitäten, wobei *Fun* und *Hippodelphia* als klare Hardbop-Stücke an Adderleys Vergangenheit in den Fünfzigern anknüpften. *Sack O' Woe* wiederum führte soulig-bluesig swingend die Linien zusammen und bot allen Instrumentalisten bis auf Roy McCurdy reichlich Raum zum Solieren. Die Stimmung im Publikum war demonstrativ gut und so wurde »Mercy, Mercy, Mercy« zu einem der erfolgreichsten Konzertmitschnitte der Jazzplattengeschichte.

Louis Armstrong

The Complete Hot Five & Hot Seven Recordings

Columbia C4K 63527

4 CDs mit u. a. *Heebie Jeebies / Cornet Chop Suey / Muskrat Ramble / Ory's Creol Trombine / Struttin' With Some Barbecue / Wild Man Blues / Potato Head Blues / Weary Blues / West End Blues / Squeeze Me / Basin Street Blues*

Hot Five (First Unit 1925–27): Louis Armstrong (tp, voc), Kid Ory (tb), Johnny Dodds (cl), Lil Armstrong (p), Johnny St. Cyr (bj)

Hot Seven (1927): Louis Armstrong (tp, voc), John Thomas (tb), Johnny Dodds (cl), Lil Armstrong (p), Johnny St. Cyr (bj), Peter Briggs (tu), Warren ›Baby‹ Dodds (dr)

Hot Five (Second Unit 1928/29): Louis Armstrong (tp, voc), Fred Robinson (tb), Jimmy Strong (cl), Earl Hines (p), Mancy Carr (bj)

Aufnahmen entstanden in Chicago, bis auf drei Songs mit den Savoy Ballroom Five und einen Song mit Jack Teagarden in New York zwischen 12. November 1925 und 5. März 1929

Historisch gesehen begann die Geschichte des Jazz auf Tonträgern am 26. Februar 1917 mit dem *Livery Stable Blues* der Original Dixieland Jazz Band. Künstlerisch gesehen startete sie mit Louis Armstrong (1901–1971) und den frühen Einspielungen der Hot Five im Winter 1925. Denn mit dieser dynamischen Combo sprang das Niveau der Interpretation mit einem Mal auf eine neue Stufe. Diese Vitalität und Experimentierlust, dieser Spaß bei gleichzeitiger beiläufiger Virtuosität, dieses Charisma und die Mischung aus profunder Musikalität und frecher Individualität – so etwas hatte es zuvor trotz einiger bemerkenswerter Aufnahmen von King Oliver oder Jelly Roll Morton noch nicht auf Schellack gegeben. Bei der Plattenfirma Okeh, einer Tochter der General Phonograph Corporation, die 1926 an die Columbia verkauft wurde und auf

Aufnahmen schwarzer Künstler spezialisiert war, hatte man das Talent des jungen Trompeters und Sängers aus dem Umkreis Olivers und Fletcher Hendersons erkannt und systematisch unterstützt. Innerhalb der dreieinhalb Jahre, die Armstrong mit seinen Hot Five & Seven für das Label arbeitete, entstanden immerhin 89 Songs entweder mit den Originalbesetzungen, als Begleitung für Sängerinnen wie Lillie Delk Christian, Susie Edwards oder unter dem Namen Johnny Dodds Black Bottom Stompers, Lil's Hot Shots und Louis Armstrong And His Orchestra. Dabei gab es zwei komplett verschiedene Hot-Five-Besetzungen, die erste mit Kid Ory und Johnny Dodds, die bis Dezember 1927 bestand und kurzzeitig zu den Hot Seven (1927) erweitert wurde, und die zweite mit Fred Robinson und Jimmy Strong als Solisten neben Armstrong, die von 1928 bis zum Frühjahr 1929 bestand. Während dieser Jahre gelangen der Band zahlreiche Hits wie *Heebie Jeebies*, *Muskrat Ramble*, *Cornet Chop Suey*, *West End Blues*, *Potato Head Blues* oder *Basin Street Blues*. Wichtiger aber war, dass Armstrong es schaffte, mit bislang unbekannter Phrasierungskunst und Variabilität eines Ansatzes, der trotz Stärke und Präsenz lyrische und narrative Qualitäten behielt, dem Jazz zum Ansehen einer ernstzunehmenden Musik zu verhelfen. Nebenbei machte er außerdem mit gurgelnder, lachender Stimme den wortlosen Scatgesang populär und schuf Ausdruckspatterns für Blues-Vokalisten, die wie sein Trompetenspiel zum Vorbild und zur Inspiration vieler jüngerer Musiker wurden. Mit anderen Worten: Die Aufnahmen der Hot Five und Hot Seven sind eine der Grundlagen des Jazz überhaupt.

Art Ensemble of Chicago
Nice Guys

ECM 1126

Ja / Nice Guys / Folkus / 597–59 / Cyp / Dreaming Of The Masters

Lester Bowie (tp, perc), Joseph Jarman (ts, ss, cl, fl, vib, voc, perc), Roscoe Mitchell (ts, as, ss, fl, cl, oboe, gong), Malachi Favors Maghostus (b, perc, melodica), Famoudou Don Moye (dr, perc)
Ludwigsburg, Tonstudio Bauer, Mai 1978

Wer sich das Wort »Kunst« auf die Fahnen schreibt, verfolgt in der Regel eine Programmatik. Das Art Ensemble of Chicago (AEC) ging 1965 aus der Musiker-Selbstorganisation Association for the Advancement of Creative Musicians (AACM) hervor, die sich im selben Jahr gegründet hatte, um mehr Aufführungsmöglichkeiten für Free-Künstler zu schaffen, und sich darüber hinaus im Besonderen der Integration afrikanischer Traditionselemente in den modernen Klangkontext widmete. Zunächst ein regionales Phänomen, avancierte das AEC in den siebziger Jahren zu einer führenden experimentellen Combo der improvisierenden Szene. Es verstand seine Musik als »Great Black Music« mit dem Zusatz »Ancient For The Future«, die allerdings im Stilzusammenhang des Jazz noch am plausibelsten ihren Platz fand. Nach verschiedenen spektakulären Festivalauftritten wie in Newport, Montreux und Berlin folgte Ende der Siebziger der internationale Durchbruch mit den Alben »Nice Guys« und »Full Force« (1980). Inzwischen war aus dem anfänglich provokatorischen und missionarischen Werben der Band für den Eigenwert der afrikanischen Musik ein klares Konzept geworden, das sich zwischen zeitgenössischer (europäischer) Klassik und improvisierender Klangraumgestaltung positionierte. Alle fünf Beteiligten waren Multiinstrumentalisten, und die Kompositionen schwankten zwischen improvisierten und fixierten Elementen, die spontan kombiniert wurden. *Ja* etwa startete als frei fließende Ballade und mündete in einen Mento-Beat mit Calypso-Andeutungen. *Nice Guys* war ein dissonant swingboppendes Intermezzo, *Folkus* eine offene Suite aus Quietsch-Flöten-Perkussion, Autohupen-Saxofon-Dialogen, Glockenspiel-Vibrafon-Gong-Assoziationen und einer afrikanischen Rhythmus-Ausleitung. *597–59* stellte eine saxofonbetonte Free-Collage dar, *Cyp* deren Fortsetzung mit differenzierterer, ruhigerer Textur, *Dreaming Of The Masters* eine Zusammenschau des schwarzen Cool-Sounds der Fünfziger mit den Tonausbrüchen des folgenden Jahrzehnts. Insgesamt bot sich auf »Nice Guys« daher das Bild der intellektuellen Avantgarde, mit Tendenz zum musikalischen Selbstkommentar. Und damit war das AEC den postmodernen Relativierungstendenzen der Achtziger um einige Jahre voraus.

Albert Ayler Trio

Spiritual Unity

ESP 1002

Ghosts: First Variation / *The Wizzard* / *Spirits* / *Ghosts: Second Variation*
Albert Ayler (ts), Gary Peacock (b), Sunny Murray (dr)
New York, 10. Juli 1964

Albert Ayler (1936–1970) war umstritten. Erst 1983, dreizehn Jahre nach seinem Tod, nahm das Jazzmagazin ›Down Beat‹ den Saxofonisten in die »Hall of Fame« auf. Die Skepsis ist bezeichnend für die Zurückhaltung, mit der seine Musik bereits zu Lebzeiten konfrontiert war. Ayler verweigerte sich der Theorie und damit der Nachvollziehbarkeit durch die Kritik. Sein Zugang zur freien Improvisation war intuitiv, geprägt von den Jugenderfahrungen in Militärkapellen, Showbands und Bluescombos, dann durch die Free-Experimente in Europa (1960/61) und die Monate mit dem Pianisten Cecil Taylor (1962). In den ihm wohlgesonnenen Szenekreisen galt er als Erneuerer, der im Gegenzug zu John Coltranes spieltechnischen Modifikationen seinem Instrument klanglich und emotional urwüchsige Perspektiven erschloss. Unter Verzicht auf die harmonischen, melodischen und rhythmischen Gewohnheiten des Jazz stellte er den Puls der kollektiv entwickelten Sound- und Strukturbildung in den Mittelpunkt seiner Musik. Das war ein radikaler Ansatz, der am besten in kleinen, interagierenden Ensembles realisierbar war. Beispiel »Spiritual Unity«, der Startschuss des Labels ESP und Aylers amerikanisches Plattendebüt. Basis der Aufnahmen in den Variety Arts Studios war ein eingespieltes Trio mit dem Bassisten Gary Peacock und dem Schlagzeuger Sunny Murray, das der Tenorsaxofonist seit einigen Wochen leitete. Die drei innerhalb weniger Stunden und aufgrund eines Technikfehlers mono archivierten Kompositionen stammten von Ayler. *Ghosts* wurde in einer kompakten (*First Variation*) und einer redundanten Version (*Second Variation*) festgehalten. Der Aufbau der Stücke war ähnlich – ein hymnisches Motiv als Klammer, Ausgangs- und Endpunkt fließender Improvisationen – und wurde durch *Ghosts* auf die Dramaturgie des gesamten Albums übertragen. Aylers Ton changierte von singend introvertiert (*Spirits*) über schreiend expressiv (*The Wizzard*) bis hin zu fröhlich kehlig (*Ghosts*). Murray agierte beckenlastig, Peacock zugleich volltönend und perkussiv. Das Resultat klang symbiotisch, kollektiv und trotzdem frei. Damit wies »Spiritual Unity«, kaum eine halbe Stunde lang, stilistisch und im Hinblick auf das Band-Konzept weit in die Zukunft.

Chet Baker

Chet – The Lyrical Trumpet Of Chet Baker

Riverside OJC20 087-2

*Alone Together / How High The Moon / It Never Entered My
Mind / 'Tis Autumn / If You Could See Me Now / September
Song / You'd Be So Nice To Come Home To / Time On My
Hands / You And The Night And The Music / Early Morning
Mood*
Chet Baker (tp), Herbie Mann (fl), Pepper Adams (bs), Bill Evans
(p), Kenny Burrell (g), Paul Chambers (b), Connie Kay, Philly
Joe Jones (dr)
New York, 30. Dezember 1958

Im Jahr 1958 bekam Chet Baker (1929–1988) von der Firma Riverside einen Vertrag über vier Platten angeboten.
Damals stand er bereits an einem Gipfelpunkt seines frühen Ruhms. Er hatte mit dem klavierlosen Quartett mit
Gerry Mulligan und derer Nachfolgeband mit Russ Free-
man am Piano für Aufsehen gesorgt. Seine Tournee 1956
durch Europa war ein Riesenerfolg, er führte mehrere Be-
liebtheitslisten an und war eine Zeitlang sogar populärer
als Miles Davis. Die Presse hatte ihn als Dandy herausge-
putzt, eine Art Jazz-Pendant zu James Dean. Baker selbst
jedoch wollte vor allem Trompete spielen, ohne konzeptionelle Ideen für seine Zukunft. Er hing seit Mitte der
Fünfziger an der Nadel und ließ sich treiben. Seine enorme natürliche Musikalität, schnelle Auffassungsgabe und
wachsende Erfahrung – Baker war kein Notist – halfen
ihm, sich intuitiv im Repertoire zurechtzufinden. Trotzdem war es schwer, ihm jenseits des Images als Frauen-
schwarm einen Platz im Stilgefüge der Zeit zuzuweisen.
Riverside nahm daher sehr verschiedene Alben auf: »In
New York« konzentrierte sich auf Hardbop zusammen
mit Johnny Griffin, »It Could Happen To You« war eine

Gesangsplatte mit Schnulzen. »Chet« hingegen hatte wirklichen künstlerischen Anspruch. Die Besetzung der Session war hochkarätig. Die Rhythmusgruppe bildete die Miles-Davis-Mannschaft mit Bill Evans am Klavier, Paul Chambers am Bass und abwechselnd den Schlagzeugern Connie Kay und Philly Joe Jones. In wechselnden Formationen gesellten sich der Gitarrist Kenny Burrell, der Flötist Herbie Mann und Pepper Adams am Baritonsaxofon dazu. Als Balladenalbum ließ »Chet« Raum für die Entwicklung des warmen, vibratolosen, dem Flügelhorn nahen Tons, für die bedächtige und pointiert reagierende Linienführung und die cool reduzierte Gestaltung der Standards – eben für die Stärken, die Bakers frühes und mittleres Spiel ausmachten.

Count Basie

The Complete Atomic Basie

Roulette 828635-2

The Kid From Red Bank / Duet / After Supper / Flight Of The Foo Birds / Double-O / Teddy The Toad / Whirly-Bird / Midnite Blue / Splanky / Fantail / Li'l Darlin' / Silks And Satins / Sleepwalkers Serenade (alternate take) / *Sleepwalkers Serenade / The Late Late Show / The Late Late Show* (vocal version)
Wendell Culley, Snooky Young, Thad Jones, Joe Newman (tp), Henry Coker, Al Grey, Benny Powell (tb), Marshall Royal, Frank Wess, Eddie ›Lockjaw‹ Davis, Frank Foster, Charles Fowlkes (reeds), Count Basie (p), Freddie Green (g), Eddie Jones (b), Sonny Payne (dr), Joe Williams (voc, nur # 16)
New York, Capitol Studios, 21./22. Oktober 1957

Kritiker neigen gerne zu Übertreibungen, wenn sie begeistert sind. Die Basie Big Band der »Atomic Sessions« zum Beispiel wurde, in Abgrenzung von der berühmten

Besetzung der späten Dreißiger mit Lester Young, Harry Edison, Buck Clayton, zum »Second Testament« erklärt, weil sie es verstand, eine Reihe herausragender Solisten zum kompakten, ungemein kräftigen Orchestersound zu verknüpfen. Saxofonisten wie Eddie ›Lockjaw‹ Davis, Trompeter wie Thad Jones und Joe Newman prägten einen Ensembleklang, den man in den späten Fünfzigern, als kleine, zunehmend experimentelle Combos in Mode waren, nur noch selten zu hören bekam. Dazu kamen die Arrangements von Neal Hefti, der nach den Tagen bei Woody Herman um 1950 zu Count Basie (1904–1984) gestoßen war und den Orchesterklang der Nachkriegsjahre deutlich geprägt hatte. Seine Spezialität war die Balance der dramatischen Mittel, die er vor allem über kontrastreiche Dynamik und Melodik erreichte. Ein Song wie *The Kid From Red Bank* zum Beispiel startete formal auf bluesiger Grundlage im Up-Tempo mit einem hurtigen Tutti-Lauf der Bläser, schuf unmittelbar danach Raum für Basies reduktionistische Improvisationen, heizte daraufhin die Stimmung mit der ganzen Brass Section wieder an, so dass der Bandleader sich zu – für ihn – ungewöhnlich virtuosen Stride-Piano-Einlagen hinreißen ließ, gefolgt von einer kurzen Frage-Antwort-Partie, der Wiederaufnahme des Themas und einem fanfarenartigen Schluss. Da waren keine Klangfarbenexperimente gefragt, sondern solides Writing und wirkungsvolles Setzen der Instrumente. Hefti beherrschte diese Orchestertugenden souverän und das Ensemble bedankte sich dafür, indem es im Oktober 1957 ein komplettes Programm nur mit seinen Kompositionen aufnahm. Es wurde unter dem Titel »$E=mc^2$ – The Atomic Basie« bekannt und gehörte aufgrund von Hits wie *Li'l Darlin'* und dem meisterhaft präsenten (Mono-) Sound bald zu den Bestseller-Alben Basies, so erfolgreich, dass ein halbes Jahr später noch die Fortsetzung »Basie Plays Hefti« nachgelegt wurde. Und für die CD-Ausgabe wurden außerdem drei Titel von Jimmy Mundy (*Silks*

And Satins, Sleepwalkers Serenade, The Late Late Show)
hinzugefügt, die beim gleichen Aufnahmetermin entstanden waren und womöglich eine eigene Veröffentlichung
hätten werden sollen, die aber nie erfolgte.

Frank Sinatra with The Count Basie Orchestra

An Historic Musical First

Warner/Reprise 7599-27023-2

*Pennies From Heaven / Please Be Kind / (Love Is) The Tender
Trap / Looking At The World Thru Rose Colored Glasses / My
Kind Of Girl / I Only Have Eyes For You / Nice Work If You
Can Get It / Learnin' The Blues / I'm Gonna Sit Right Down
And Write Myself A Letter / I Won't Dance*
Frank Sinatra (voc), Count Basie (p) and his Orchestra
Los Angeles, 2.–3. Oktober 1962

Als einer der wenigen Bandleader hatte es Count Basie geschafft, von den Anfängen in den Dreißigern bis zu seinem Tod 1984 – mit Ausnahme der Saison 1950/51 –
durchgehend ein Orchester zu beschäftigen. Sein Ensemblestil war markant und wiedererkennbar. In Fortsetzung
der Kansas-City-Tradition arbeitete Basie mit extremen
Dynamikunterschieden und pointierter Reduktion der
Arrangements, wobei häufig eine einzelne Tutti-Sechzehntelnote als rhythmischer Akzent genügte. Dabei setzte er Bläserriffs als dominante Elemente, nicht als akustisches Beiwerk ein. Da Basie sich selbst als Teil der Rhythmusgruppe verstand und im Hintergrund hielt, war er auf
herausragende und zugleich teamfähige Solisten angewiesen. Die Besetzung der ersten gemeinsamen Aufnahme
mit Frank Sinatra hatte daher unter anderem Koryphäen

wie den Trompeter Thad Jones, den Saxofonisten Frank
Foster und den Flötisten Frank Wess im Line-up, der in
My Kind Of Girl das prominenteste Solo des Albums
zugewiesen bekam. Das Repertoire bestand aus zwei
Handvoll Gesangsstandards, Broadway-Gassenhauern
wie Gershwins *Nice Work If You Can Get It*, Liebeslie-
dern wie Fred Ahlerts *I'm Gonna Sit Right Down And
Write Myself A Letter*, Evergreens wie *Learnin' The Blues*.
Die Arrangements waren gewohnt kompakt, kaum ein
Song überschritt die Drei-Minuten-Marke. Sie waren auf
die Stärken des Bühnenprofis Frank Sinatra zugeschnitten,
der zwar kaum improvisieren, dafür pathetisch seine Lini-
en schmettern, effektvoll schmachten und straight swingen konnte. So entstand unzeitgemäß, während auf der einen Seite der Free Jazz tobte, auf der anderen die Popmusik zur Welt kam, ein Klassiker des Jazz-Entertainments.

Art Blakey

Art Blakey And The Jazz Messengers (Moanin')

Blue Note 495324-2

Moanin' / *Moanin'* (alternate take) / *Are You Real* / *Along Came
Betty* / *The Drum Thunder (Miniature) Suite: Drum Thunder –
Cry A Blue Tear – Harlem's Disciples* / *Blues March* / *Come
Rain Or Come Shine*
Lee Morgan (tp), Benny Golson (ts), Bobby Timmons (p), Jymie
Merritt (b), Art Blakey (dr)
Hackensack, New Jersey, 30. Oktober 1958

Innerhalb weniger Jahre hatte Art Blakey (1919–1990) den
rasanten Aufstieg und ebenso eiligen Abstieg seiner Jazz
Messengers erlebt. Hatte er mit Musikern wie dem Pianis-

ten Horace Silver oder den Trompetern Clifford Brown, Kenny Dorham und Donald Byrd zwischen 1954 und 1956 eine der beliebtesten Bands des frühen Hardbops geleitet, so war die Folgebesetzung mit Bill Hardman und Jackie McLean zum Junkie-Quintett ohne zuverlässige Struktur verkommen. Als aber im Februar 1958 der Tenorsaxofonist Benny Golson bei einem Engagement im Café Bohemia für McLean einsprang, begann das Blatt sich zu wenden. Er verordnete der Band in der Folgezeit eine Generalsanierung. Alle Musiker außer Blakey wurden ausgetauscht. Golson brachte drei junge Kollegen aus Philadelphia mit, den Trompeter Lee Morgan, Bobby Timmons am Klavier und den Bassisten Jymie Merritt. Gemeinsam schrieben sie ein komplett neues Repertoire, dessen Lieder von da an wie *Moanin'* oder *Blues March* zu den Erkennungsmelodien der Jazz Messengers wurden. Er organisierte Konzerte und einen Aufnahmetermin mit den neuen Stücken. So entstand im Oktober 1958 das Album »Art Blakey And The Jazz Messengers«, das bald darauf nur noch als die »Moanin'«-Platte bekannt war (und inzwischen sogar von Blue Note dahingehend umbenannt wurde). Für den Schlagzeuger jedenfalls bedeutete diese Aufnahme den Wendepunkt in seiner Karriere. Es ging wieder bergauf, unaufhaltsam in die erste Liga der Jazzhistorie. Und das lag vor allem an der gekonnten Abstimmung der Kräfte innerhalb dieser Comeback-Gruppe. Timmons war von Blues, Gospel und der gemäßigten Bop-Szene Philadelphias beeinflusst, Golson ein disziplinierter Hardbopper mit vollem Ton, Morgan ein soulboppiger Youngster mit lyrischem Talent, Merritt ein solider Mitstreiter mit profundem Swing. Der Soul-Blues *Moanin'* wurde zum Hit, so wie die anderen Stücke – vor allem *Blues March* – zu Standards. *The Drum Thunder Suite* wiederum war eine kleine Leistungsschau des Schlagzeugers, die ihn als afrikanisch orientierten Polyrhythmiker mit Tendenz zu humorvoller Dramatik vorstellte. Selbst die einzige Fremdkomposition *Come Rain Or Come Shine* erklang lässig und frisch im souljazzigen Gewand, aufgepeppt durch Timmons' markantes Oktavspiel und die Antworten der Bläser. So hatte Blakey Glück mit Golsons Aktionismus gehabt – der ihm allerdings bald zu weit ging. Als dessen Kontrollbedürfnis übermächtig wurde, rebellierte er, und der Saxofonist verließ die Band. Hank Mobley kam für Golson, der bald darauf mit dem Jazztet die nächste legendäre Combo aufbaute.

Carla Bley
Escalator Over The Hill

JCOA Records 839310-2

CD 1: *Hotel Overture / This Is Here … / Like Animals / Escalator Over The Hill / Stay Awake / Ginger And David / Song To Anything That Moves / Eoth Theme / Businessman / Ginger And David Theme / Why / It's Not What You Do / Detective Writer Daughter / Doctor Why / Slow Dance (Transductory Music) / Smalltown Agonist*
CD 2: *End of Head / Over Her Head / Little Pony Soldier / Oh Say Can You Do? / Holiday In Risk / Holiday In Risk Theme / A. I. R. (All India Radio) / Rawalpindi Blues / End Of Rawalpindi / End Of Animals / … And It's Again*
Michael Mantler, Don Cherry, Enrico Rava (tp), Roswell Rudd (tp, tb), Sam Burtis, Jimmy Knepper (tb), Gato Barbieri (ts), Jimmy Lyons (as), Leroy Jenkins (vl), John McLaughlin (g), Carla Bley (p, keyb, perc, voc), Jack Bruce (e-b, voc), Linda Ronstadt, Sheila Jordan, Bob Stewart, Todd Papageorge, Jane Blackstone, Don Preston, Paul Jones (voc), Charlie Haden (b), Paul Motian (dr) u. a.
New York, November 1968, November 1970 – Juni 1971

Carla Bley (* 1938) arbeitete im Januar 1967 an der Komposition *Detective Writer Daughter*, als ihr der Dichter Paul Haines ein Gedicht schickte, das perfekt zu ihrer Musik passte. Sie empfanden diese Koinzidenz als Zeichen und beschlossen, gemeinsam eine Oper zu schreiben. Im darauf folgenden Jahr begann Bley, damals als junge Künstlerin im Umkreis der New Yorker Free-Szene noch kaum erfahren mit der großen Form, mit verschiedenen befreundeten Kollegen einzelne Teile von »Escalator Over The Hill« aufzunehmen. Die Arbeit zog sich unerwartet lange hin. Mal fehlte Geld, mal waren die Musiker beschäftigt. Bley musste improvisieren und mit Leuten arbeiten, die gerade zur Verfügung standen. So kam es zu der ungewöhnlichen Besetzungsliste des Mammutwerkes, die sich vor allem aus dem Kern des Jazz Composer's Orchestra rekrutierte. Die meisten Musiker kannte die Komponistin von früheren Projekten, den Sänger und Bassisten Jack Bruce allerdings entlieh sie von der Rockgruppe »Cream«. Bley komponierte, Haines schickte Gedichte und Textpassagen von seiner Wahlheimat Indien aus. Stück für Stück wuchs eine skurrile, weitgehend handlungsfreie und stellenweise absurde Mischung aus jazzigen, rockigen, improvisierten Klängen, aus kabarettähnlichen Passagen und hermetischen Gedichten, aus philosophischen Betrachtungen über Leben, Tod und die Beschränktheit von Sprache, Kunst, Musik heran. Mehr Oratorium als Oper, wurde »Escalator Over The Hill« von Bley und Haines »A Chronotransduction« genannt. Die Stimme von Bruce, aber auch zahlreiche musikalische Details der ständig wechselnden, künstlerisch herausragenden Studiobands, die mal eine Hotellobby-Band, mal ein experimentelles Salonorchester, eine Rockjazz- oder Ethno- oder Country-Combo darstellen sollten, hielten ein interpretatorisches Niveau, das höher kaum hätte sein können. Organisatorisch allerdings entpuppte sich das Projekt als Kraftakt. Der ursprüngliche Plan, das Werk in den progressiven Hippie-Zeiten unter die Leute zu bringen, rückte in die Ferne. Bis Juni 1971 waren zwar alle Stücke archiviert, uraufgeführt wurde »Escalator Over The Hill« aber erst 1997 während der Kölner Musik-Triennale mit neun Sängern, Chor und einem 17-köpfigen Orchester. Von der Kritik gelobt und der Fachliteratur als zentrales Opus der zeitgenössischen Musik gefeiert, bleibt es ein Unikat der Jazzgeschichte, das ebenso sperrig wie spannend aus dem Kontext der improvisierenden Traditionsbildung herausfällt.

Lester Bowie Brass Fantasy

Avant Pop

ECM 1326

The Emperor / Saving All My Love For You / B Funk / Blueberry Hill / Crazy / Macho (Dedicated To Machito) / No Shit / Oh, What A Night
Lester Bowie, Stanton Davis, Malachi Thompson, Rasul Siddik (tp), Steve Turre, Frank Lacy (tb), Vincent Chancey (frh), Bob Stewart (tuba), Phillip Wilson (dr)
Ludwigsburg, Studio Bauer, März 1986

Mit Lester Bowie (1941–1999) kam die Postmoderne in den Jazz. Nicht in ihrer plakativen, die Unterschiede zwischen Vergangenheit und Gegenwart nivellierenden Form, sondern als relativierendes Gedankenexperiment mit amüsanten Untertönen. Denn der Trompeter, Bandleader, Mitbegründer des Art Ensemble of Chicago und langjährige überzeugte Avantgardist hatte seit Anfang der Achtziger zunehmend Spaß daran, den ganzen Schnickschnack der Innovationsmythen und Perfektionsforderungen des mo-

dernen Jazz hinter sich zu lassen. Seitdem trat Bowie selten ohne einen weißen Arztkittel auf die Bühne, und
Bands wie seine Brass Fantasy hatten die Aura eines La-
borversuchs mit ungewissem Ausgang. Mit »Avant Pop«
zum Beispiel zog er vordergründig Schlager-Schnulzen
wie Whitney Houstons *Saving All My Love For You* oder
auch den Fats-Domino-Klassiker *Blueberry Hill* durch
den Kakao, indem er Arrangementdetails überhöhte, Bläsersätze ein bisschen zu sehr in sich verstimmte oder die
Melodielinien mit übertrieben jauchzender, vokalnah arti-
kulierender Trompete nachempfand. Er ironisierte James
Browns Komposition *I Feel Good* mit einer ihr deutlich
in den Bläsertriolen nachempfundenen Persiflage (*No
Shit*) oder bedachte den Latin-Bandleader Machito mit einem vor Blech und High-Note-Blowing nur so strotzen-
den Salsa-Derivat (*Macho*). Doch das war nur die eine Seite der musikalischen Ironie. Denn auf der anderen waren
Bowies Kompositionen für das ungewöhnlich besetzte
Bläseroktett mit Schlagzeug bis in die Nuancen struktu-
riert. Es hatte außerdem mit Musikern wie den Posaunisten Frank Lacy und Steve Turre oder auch dem Tuba-Spe-
zialisten Bob Stewart die Upper Class der Avantgarde-erprobten New Yorker Jazzer in seinen Reihen. Durch diese
Kombination von Szene-Erfahrung, Neugier und Professionalität war es der Brass Fantasy erst möglich, am Idiom
der Popmusik ebenso wie an dem des Jazz zu kratzen und
beiden Lagern eine Portion Humor mit Hintersinn zu
verordnen. Bowie proklamierte Innovation durch heitere
Verweigerung, schuf damit ein probates Denkmuster der
frühen Neunziger und war über die Hintertür wieder in
der Diskussion seiner Tage dabei, die er mit seiner individuellen Mischung aus Stilmerkmalen von Cootie Williams
bis Don Cherry und reichlich Spaß am Musizieren nachhaltig inspirierte.

Braxton/Corea/Holland/Altschul – Circle

Paris-Concert

ECM 1018/19

CD 1: *Nefertitti / Song For The Newborn / Duet / Lookout Farm – 73 Kalvin (Variation -3)*
CD 2: *Toy Room – Q & A / No Greater Love*
Anthony Braxton (sop-s, as, cl, cb-cl, fl, perc), Chick Corea (p),
   Dave Holland (cello, b), Barry Altschul (dr, perc)
Paris, Maison de l'O.R.T.F., 21. Februar 1971

Anthony Braxton (*1945) hat es seinen Hörern nie leicht gemacht. Als er 1968 sein Saxofon-Solo-Doppelalbum »For Alto« veröffentlichte, erntete er damit zwar Lob in Spezialistenkreisen, aber auch reichlich Häme von Kollegen wie Phil Woods oder Harold Land, die sein übergroßes Selbstbewusstsein kritisierten. Er revanchierte sich in den frühen Achtzigern, als er bereits zu den Lieblingsavantgardisten der Szene gehörte, mit dem 1700 Seiten starken Theoriewerk *Tri Axium Writings*, das seine philosophisch-mathematische Vorstellung von Musik als spirituelles System hinter dem Klang in ein komplexes Konstruktionsgeflecht packte. Richtig und publikumswirksam gefordert aber wurde der Saxofonist und Multiinstrumentalist aus Chicago in der kurzlebigen Combo Circle. Im Mai 1970 stand Braxton zum ersten Mal als Einsteiger einer Session im New Yorker Club ›Village Vanguard‹ mit Chick Corea, Dave Holland und Barry Altschul auf der Bühne, und daraus hatte sich schnell ein gemeinsames Quartett entwickelt. Am 2. August gab es die offizielle Feuertaufe der Band, ebenfalls in New York, und es folgten mehrere Tourneen, zunächst durch Nordamerika, dann im folgenden Winter durch Europa. Als Circle im Februar 1971 in Paris gastierte, liefen die Bänder mit und es entstand mit »Paris-Concert« eine der bekanntesten

Platten der Free-Ära. Denn die energiegeladene Combo schaffte es, die richtige Mischung zwischen erlebter Freiheit und Anschluss an die Tradition zu vermitteln. Wiedererkennbare Standards wie *Nefertiti* oder *No Greater Love* fanden ebenso ihren Platz im Programm wie komplexe, suitenähnliche Spontan-Kompositionen (*Toy Room – Q & A*), narrative Solos (Holland mit *Song For The Newborn*) oder das neutönend improvisierende *Duet* für Klavier und Saxofon. Die sonst in Miles Davis' Rockjazzband lärmenden Kollegen Corea und Holland empfanden es als hörbar inspirierend, mit Braxton einen Intellektuellen mit reichlich musiktheoretischem Wissen in ihren Reihen zu haben. Und tatsächlich ergänzten sich die Charaktere in Paris auf der Bühne, offensiv und stellenweise humoristisch auf oberstem spieltechnischem Niveau. Ein Zwiegespräch wie eben *Duet* hatte von serieller Tonsetzung bis zum frei expressiven Spiel und elegischer Melodiebildung ein enormes Ausdrucksspektrum zu bieten, ein Wechselspiel von Festlegung und Inspiration, das etwa in *73 Kalvin* noch auf Bandebene fortgesetzt wurde. Die Formation jedenfalls wurde umjubelt, löste sich aber wenige Monate nach der Tournee wegen weltanschaulicher Differenzen auf. Was blieb, waren die LP-Erinnerung an ein überwältigendes Konzert und der internationale Durchbruch für Braxton, der mit »Circle – Paris-Concert« endlich die Anerkennung bekam, die er schon für »For Alto« verdient hatte.

Peter Brötzmann

Machine Gun

FMP CD 24

Machine Gun (second take) / *Machine Gun* (third take) / *Responsible – For Jan Van De Ven* (first take) / *Responsible – For Jan Van De Ven* (second take) / *Music For Han Bennink*

Peter Brötzmann (ts, bar-s), Willem Breuker (ts, b-cl), Evan Parker (ts), Fred van Howe (p), Peter Kowald, Buschi Niebergall (b), Han Bennink, Sven-Ake Johansson (dr)

Bremen, Lila Eule, Mai 1968

Erst aus der zeitlichen Distanz heraus kann man verstehen, was die Musiker mit der Bemerkung gemeint haben könnten, »Machine Gun« sei eigentlich humorvolle Musik. Denn im Vergleich zu afroamerikanischen Free-Aufnahmen etwa von Albert Ayler, John Coltrane oder Pharoah Sanders, die immer entweder einem politischen oder spirituellen Impetus folgten, waren die Sessions aus der Bremer ›Lila Eule‹ einfach nur frech. Sie setzten sich kein ästhetisches Ziel, hatten keine eigene Geschichte zu durchbrechen, sondern lärmten mit der gleichen Unbedarftheit drauflos, wie sich andernorts Kommunarden in natürlicher Schönheit ablichten ließen. Dabei hatte Peter Brötzmanns (* 1941) Oktett durchaus Kraft, besser: vor allem Kraft. Die akustische Harke, mit der das Ensemble seine Hörer empfing, bestand aus Lärmsalven vom überblasenen Saxofon, Donnerschlagzeug, Klavierclustern und Bassgewummer. Sie wirkte unmittelbar auf den Körper, der sich entweder von diesen Klanggewittern mitreißen ließ oder aus kulturellem Selbstschutz mit Ablehnung reagierte. Dynamische Nuancierungen waren unnötig, formale und stilistischen Grenzen gab es nicht, es ging angeblich nur um die Wirkung, die keiner traditionellen Fundierung bedurfte. Das war natürlich Unsinn, denn auch »Machine Gun« stand im diskursiven Zusammenhang schrittweiser Relativierung gängiger Werte, die ein gutes Jahrzehnt später in die Postmoderne mündete. Genau genommen war sie aus struktureller Sicht sogar eine zutiefst romantische Platte, denn sie hing einem seit dem frühen 19. Jahrhundert zum Topos gewordenen Künstlerbild des aus sich selbst heraus unabhängig schaffenden Originalgenies nach. Doch diese Erkenntnis blieb unter der Oberfläche des Action-Plays verborgen. Für den Beiheft-Autor der CD-Ausgabe Steve Lake war »Machine Gun« darüber hinaus die erste wirklich europäische Jazzplatte, weil sie sich in seinen Augen überhaupt nicht darum scherte, was die Amerikaner vorgaben, und weil sie immerhin fünf Nationen unter Brötzmanns Ägide versammelte. So ganz stimmte das nicht, denn schon die zweifache Besetzung mehrerer Instrumente erinnerte an Ornette Colemans Doppelquartett auf »Free Jazz« (1960). Sei's drum. Fest steht, dass dieses Album vieles weggeblasen hat, was zuvor an halbseidenen freien Improvisationen den Anspruch auf künstlerische Freiheit erhob. Und ein klein wenig Konvention war ja doch dabei, wenn sich die Spieler jeweils gegen Ende der Improvisationen in schrulligen Rock- oder Samba-Derivaten wiederfanden. Nur als humorvolles Zitat, versteht sich!

Clifford Brown

The Complete Paris Sessions, Vol. 1

Vogue 74321457282

Brown Skins (alternate take) / *Brown Skins* / *Deltitnu* / *Keeping Up With Jonesy* / *Keeping Up With Jonesy* (alternate take)
Clifford Brown, Art Farmer, Quincy Jones, Walter Williams, Fernand Verstraete, Fred Gérard (tp) Al Hayse, Jimmy Cleveland, Bill Tamper (tb), Gigi Gryce, Anthony Ortega (as), Clifford Salomon, Henry Bernard (ts), Henry Jouot (bar-s), Henri Renaud (p), Pierre Michelot (b), Alan Dawson (dr)
Paris, 28. September 1953

Conception / *Conception* (alternate take) / *All The Things You Are* / *All The Things You Are* (alternate take) / *I Cover the Waterfront* / *Goofin' With Me*
Clifford Brown (tp), Gigi Gryce (as), Henry Renaud (p), Jimmy Gourley (g), Pierre Michelot (b), Jean-Louis Viale (dr)
Paris, 29. September 1953

Clifford Brown (1930–1956) gehört zu den tragischen Gestalten des Jazz. Zunächst hatte alles gut ausgesehen. Der Junge aus bürgerlichem, musikbegeistertem Hause in Wilmington, Delaware, ging brav zur High School, studierte dann am Maryland State College, als er 1949 mit Dizzy Gillespie zusammentraf, der von seiner Begabung begeistert war. Doch bevor es richtig losgehen konnte, lag Brown wenige Monate später nach einem schweren Autounfall ein Jahr lang im Krankenhaus. Sein Einstieg in die Profiszene gelang verspätet über eine Rhythm-&-Blues-Band, dann nahmen ihn Tadd Dameron und Lionel Hampton in ihre Orchester. Als er 1953 durch Europa tourte, bekam er die Gelegenheit, in Paris für die Firma Vogue Aufnahmen unter eigenem Namen zu machen. So kam es zu den »Paris Sessions« in verschiedenen Besetzungen, die in drei Volumes die reifende Kompetenz des Trompetenwunders dokumentierten, auf das zur damaligen Zeit schon zahlreiche Kollegen neidisch waren. Denn Brown hatte ein natürliches Talent, flüssig und schlüssig zu phrasieren. Sein Ton war klar und rein, sein Ansatz perkussiv, aber dennoch lyrisch, seine Melodik wiederum führte konsequent aus dem Bebop heraus, ohne dessen Errungenschaften zu übergehen. Das wird deutlich, wenn man Brown etwa in *Browns Skins* seine sanften, strahlenden Linien über das Orchester blasen hört, das der Saxofonist Gigi Gryce zusammengestellt hatte. Selbst in den hohen Lagen warm und singend, gelang es ihm, den Klang des Ensembles zusammenzuhalten, gab ihm im langsamen Intro ebenso wie in den sorgfältig ausformulierten Phrasen der schnellen Swing-Passage eine individuelle Form. In der kleinen Besetzung des Sextetts wiederum hängte er wie in der Bebop-Komposition *Goofin' With Me* seine Gastgeber melodisch und gestalterisch völlig ab. Die »Complete Paris Sessions« sind daher ein besonderes Dokument aus der Aufstiegsphase eines der größten Trompeter der Jazzfünfziger, der bald darauf bei Art Blakey und mit Max Roach seinen Namen weiter leuchten ließ – bis er im Alter von 25 Jahren durch einen weiteren Autounfall ums Leben kam.

The Dave Brubeck Quartet

Time Out

CBS CK 65122

Blue Rondo A La Turk / *Strange Meadow Lark* / *Take Five* / *Three To Get Ready* / *Kathy's Waltz* / *Everybody's Jumpin'* / *Pick Up Sticks*
Paul Desmond (as), Dave Brubeck (p), Eugene Wright (b), Joe Morello (dr)
New York, 26. Juni / 1. Juli / 18. August 1959

Im Laufe der ersten fünfzig Jahre hatte sich der Jazz von einigem befreit. Zunächst ließen die Musiker die Bläsertonarten der New-Orleans-Tradition hinter sich. Dann wurde die Melodik komplexer und Alterationen sorgten für buntere Klangfarben in der Harmonik. Der Rhythmus allerdings blieb bis auf wenige Experimente etwa von Max Roach als Fundament zur Orientierung erhalten, verfeinerte sich zwar, verließ aber kaum den 4/4-Rahmen. Der Pianist Dave Brubeck (*1920) leistete daher Pionierarbeit, als er mit »Time Out« die festgeschriebenen Metren der improvisierenden Musik infrage stellte. Dabei ging es ihm nicht um den Impetus der Befreiung von den Zwängen der Form, die der zur gleichen Zeit bereits schwelende Free Jazz im Sinn hatte. Brubeck wollte vielmehr das bestehende rhythmische System um abwechslungsreiche Spielarten bereichern. Mit dieser Einstellung bewegte er sich im intellektuellen Fahrwasser des bürgerlich-universitären Denkens, dem er selbst als Schüler unter anderem von Darius Milhaud entwachsen war und das er mit seinen College-Konzerten weiter vermitteln wollte. Sie machte es ihm aber auch möglich, reizvolle stilistische Selbstversuche vor großem musikalischem Hintergrund zu wagen. *Blue Rondo A La Turk* zum Beispiel war ein in 2–2–2–3 Einheiten aufgeteilter 9/8-Rhythmus mit entfernten melodischen Anspielungen auf die klassische »alla turca«-Mode der Mozart-Zeit. *Strange Meadow Lark* lag eine ungewohnte 10-taktige Form mit changierendem Dreier- und Vierer-Feeling zugrunde. Paul Desmonds *Take Five* brachte den 5/4-Takt zum Swingen, *Three To Get Ready* gab ein Haydn-inspiriertes Walzer-Thema vor, bevor es abwechselnd im 3/4- und 4/4-Rhythmus weiterlief. *Kathy's Waltz*, eine Widmung an Brubecks kleine Tochter, startete als Vierer-Takt und wechselte beinahe unmerklich zum schnellen Jazz-Walzer, ohne die Swing-Charakteristik am Besen-Schlagzeug zu verlieren. *Everybody's Jumpin'* begann rhythmisch durchmischt und blieb das ganze Stück über einem ⁶/₄-Feeling verpflichtet, wohingegen in *Pick Up Sticks* Joe Morello die ⁶/₄ eindeutig vorgab, die Solisten sich jedoch stellenweise in ihren Phrasierungen darüber hinwegsetzten. So wäre »Time Out« an sich schon ein interessantes Album gewesen, doch durch Brubecks Partner Paul Desmond wurde es zum herausragenden Jazzdokument. Denn der Altsaxofonist mit dem charakteristisch weichen Ton verlieh dem stellenweise kühl wirkenden Intellektualismen des Trios die nötige emotionale Intensität. Ein großartiges Team mit seiner bekanntesten, wenn nicht besten Platte.

Kenny Burrell
Midnight Blue
Blue Note CDP 746399 2

Chitlins Con Carne / Mule / Soul Lament / Midnight Blue / Wavy Gravy / Gee Baby Ain't I Good To You / Saturday Night Blues / Kenny's Sound / K Twist
Kenny Burrell (g), Stanley Turrentine (ts), Major Holley Jr. (b), Bill English (dr), Ray Barretto (conga)
Englewood Cliffs, New Jersey, 7. Januar 1963

Gäbe es die Stilrichtung ›Seduction Music‹, dann wäre »Midnight Blue« in den Top Ten der Sparte. Denn entspannter, sinnlicher kann man Jazz-Blues kaum noch spielen. Der seit Mitte der Fünfziger mit zahlreichen swingorientierten LPs erfolgreiche Detroiter Gitarrist Kenny Burrell (* 1931) hatte von Blue-Note-Chef Alfred Lion freie Hand bekommen, ein Album nach eigener Wahl zusammenzustellen. Er entschied sich für ein pianoloses Quartett mit Congas als zusätzlicher Klangfarbe. Und er beschloss, es ganz seiner nach Ellington zweiten musikalischen Liebe zu widmen, dem Blues. Bis auf das unbegleitete *Soul Lament*, das Burrell stilistisch und atmosphärisch in Richtung Spanien über das grundsätzlich zwölftaktige Grundschema hinausführte, blieb er seinem Vorhaben treu und schwor seine Begleiter auf ein betörendes After-Hours-Feeling ein. Im maßvollen Einsatz der musikalischen Mittel probierten sie verschiedene Spielarten des Blues durch, erweiterten ihn durch Bossa-Andeutungen (*Chitlins Con Carne*), verordneten ihm einen »Milestones«-Groove (*Midnight Blue*), spielten ihn als Walzer (*Wavy Gravy*), balladesken Swing (*Gee Baby Ain't I Good To You*) oder schlicht straight in langsamem (*Mule*) und schnellem Tempo (*Saturday Night Blues*). Der Souljazz-erprobte Stanley Turrentine ergänzte zwei Drittel der Stücke mit einfachen, sangbaren, wirkungsvoll reduzierten Linien am Tenorsaxofon, das er je nach Stimmungslage schmeicheln oder aufstöhnen lassen konnte. Burrell selbst demonstrierte, dass er nicht nur geschmackssicher den Kern des bluesigen Gefühls treffen, sondern darüber hinaus mit warmem, strahlendem Ton an der Halbakustischen und an bebopinspirierten Phrasierungen die von Charlie Christian geerbten Stilideen modifizieren konnte. So wurde »Midnight Blue« eine der lässigsten Platten des Blue-Note-Repertoires – und somit des klassischen Jazz schlechthin.

Donald Byrd

Free Form

Blue Note 595961-2

Pentecostal Feelin' / Night Flower / Nai Nai / French Spice / Free
Form / Three Wishes
Donald Byrd (tp), Wayne Shorter (ts), Herbie Hancock (p), Butch
Warren (b), Billy Higgins (dr)
Englewood Cliffs, New Jersey, 11. Dezember 1961

Donald Byrd (*1932) gehörte in den fünfziger Jahren zu
den meistaufgenommenen Musikern des Jazz. Allein seit
seiner Zeit bei Art Blakeys Jazz Messengers von 1955 bis
etwa 1960 war er auf rund 60 Alben zu hören. Das hatte
gute Gründe, denn Byrd verband ähnlich wie nach ihm
Freddie Hubbard interpretatorische Qualitäten von Miles
Davis und Clifford Brown mit seiner eigenen Funkyness.
Vom einen lernte er die Gelassenheit und Intensität des
Ausdrucks, vom anderen die Eleganz der Linienführung,
die sich im Kontakt mit einer Vielzahl von jazzenden Koryphäen und durch seine eigenen musikwissenschaftlichen
und pädagogischen Studien ständig veränderte. »Donald
lässt sich am besten durch sein Bedürfnis charakterisieren,
immer nach vorne zu denken«, meinte Herbie Hancock
im Begleittext zu »Free Form« und fügte hinzu: »Man
merkt das zum Beispiel an seinen Platten. Mit jeder geht
er ein Stückchen weiter. Sein Verstand ist zu schnell und
seine Neugier zu groß, um bei einem Groove hängen zu
bleiben.« Das zeigte sich auch an den Besetzungen seiner
Bands, die sich ständig veränderten. Für »Free Form«
wählte er bewusst junge Kollegen. Wayne Shorter arbeitete damals beim Talentpool Jazz Messengers, Herbie Hancock hatte soeben sein Debüt »Takin' Off« veröffentlicht.
Butch Warren war ein gefragter Session-Bassist und Billy
Higgins wurde hinter vorgehaltener Hand als Nachfolger

von Kenny Clarke gehandelt. Die Zusammenstellung hatte System, und Byrd war durchaus zufrieden damit: »Sie arbeiten so gut zusammen, weil sie sich gegenseitig respektieren und enorm flexibel sind. In *Pentecostal Feelin'* zum Beispiel formt Butch seine eigene Basslinie. Herbie arbeitet eine passende Klavierbegleitung dazu aus und Billy habe ich gerade mal eine Skizze des Schlagzeugparts gegeben. Den Rest hat er selbst entwickelt. Genau deshalb mag ich diese Rhythmusgruppe. Ich sage einfach, was ich will, und es gibt keine weiteren Probleme« (Liner Notes). Und dabei waren durchaus komplexe Strukturen zu meistern. Für das Titelstück zum Beispiel gab Higgins einen Rhythmus vor, der aber von keinem der Beteiligten eindeutig übernommen wurde. Jeder schien neben dem anderen her zu spielen, ohne die üblichen kommunikativen Motivdialoge, in der Summe jedoch entstand eine kompakt wirkende Komposition mit fließendem Charakter. *French Spice* wiederum basierte auf einem fanfarenartigen Thema mit Frage-Antwort-Intro, das Byrd für ein Damenballett in Chicago geschrieben hatte und das von der Band im modifizierten Messengers-Stil verarbeitet wurde. So wurde »Free Form« insgesamt ein konzentriertes und von funky-swingender Stimmung getragenes Album, das aus historischer Perspektive zusätzlich interessant ist, weil Shorter und Hancock dabei am Anfang ihrer stilistischen Entwicklung zu erleben sind.

Charlie Byrd & Stan Getz

Jazz Samba

Verve 521413-2

*Desafinado / Samba Dees Days / O Pato / Samba Triste / Samba
De Uma Nota So / E Luxo So / Baia*
Stan Getz (ts), Charlie Byrd (g), Keter Betts (b), Gene Byrd (b, g),
Buddy Deppenschmidt, Bill Reichenbach (dr)
Washington, 13. Februar 1962

Eigentlich war es anders gedacht. Im Jahr 1961 hatte das
State Departement einige Musiker während einer Tournee
durch Brasilien unterstützt. Man wollte aktuelle nordame-
rikanische Kultur vermitteln, doch das Ergebnis führte genau in die entgegengesetzte Richtung. Denn einer der
Künstler, der Gitarrist Charlie Byrd (1925–1999), hatte
aus Rio und São Paulo ein paar Platten mitgenommen, die
ihm gefielen. Er spielte sie seinem alten Freund Stan Getz
(1927–1991) vor, der ebenfalls begeistert war. Und so
heckten die beiden den Plan aus, ein Album mit Liedern
von Komponisten wie Antonio Carlos Jobim, Ary Barro-
so und Baden Powell aufzunehmen. Die Studiosession
fand im Februar 1962 statt. Wenige Monate später wurde
sie unter dem Titel »Jazz Samba« veröffentlicht und
sprengte komplett den Rahmen. Hunderttausende Exemplare der LP wurden verkauft. Sie landete als Sommerhit
an der Spitze der Billboard-Pop-Charts und hielt sich 70
Wochen in der Bestenliste. Die Bossa-Nova-Welle war in
Gang gekommen und schwappte von Nordamerika aus
bald auch nach Europa und Japan über. Dabei hatten Byrd
und Getz nichts Besonderes gemacht. Weder veränderten
sie maßgeblich die Stücke, noch verhalfen sie ihnen interpretatorisch zu neuen Dimensionen. Genau genommen
vereinfachten sie sogar musikalische Details, indem sie die
sechs Importkompositionen und Byrds *Samba Dees Days*

einheitlich dem Zeitlupensambarhythmus unterworfen. Aber dieser lässig und cool wirkende, klangethnisch ge- färbte Sound traf den Geist der Zeit, und daher wurde Getz' Kuschelsaxofon und Byrds spröde, im Vergleich zu brasilianischen Originalen wie Luiz Bonfa, Baden Powell oder João Gilberto holprige Gitarre zum vorläufigen Maßstab der jazzigen Bossa Nova – so lange wenigstens, bis die eigentlichen Meister dieser Musik bekannt wurden. So hatte der Erfolg von »Jazz Samba« noch etwas Gutes. Die Menschen wurden neugierig auf die Originale und be- gannen, Gilberto als Interpreten, Powell als Instrumenta- listen und Jobim als Komponisten wahrzunehmen. Und damit setzte die eigentliche Würdigung der brasilianischen Popularmusik jenseits von Südamerika ein.

Benny Carter

Further Definitions

Impulse IMP 12292

Honeysuckle Rose / The Midnight Sun Will Never Set / Crazy Rhythm / Blue Star / Cotton Tail / Body And Soul / Cherry / Doozy
Benny Carter, Phil Woods (as), Coleman Hawkins, Charlie Rouse (ts), John Collins (g), Dick Katz (p), Jimmy Garrison (b), Jo Jones (dr)
New York, 13./15. November 1961

Fantastic, That's You / Come On Back / We Were in Love / If Dreams Come True / Prohibido / Doozy / Rock Bottom / Tit- mouse
Benny Carter, Bud Shank (as), Buddy Collette, Bill Perkins, Teddy Edwards (ts), Bill Hood (bar-s), Don Abney (p), Barney Kessel, Mundell Lowe (g), Ray Brown (b), Alvin Stoller (dr)
New York, 2./4. März 1966

Manchmal kann Erfolg auch hinderlich sein. Benny
Carter (1907–2003) war einer der prägenden Altsaxofonisten des Swings, der mit elegant geschwungenen, ruhig fließenden Linien das stilistische Bindeglied zwischen Johnny
Hodges und Charlie Parker bildete. Er war darüber hinaus einer der begabtesten Satzführer des frühen Jazz und
konnte Bläserarrangements schreiben, die noch nach Jahrzehnten Relevanz hatten. Und so war er ein gefragter
Mann, um den sich die Film- und Fernsehindustrie riss,
deren Bedarf an guten Soundtracks ständig stieg. Carter
verdiente im Hollywood der Fünfziger gutes Geld, sein
Stern in Jazzerkreisen aber begann zu sinken. Aus diesem
Grund und weil die erste Revivalwelle bereits rollte, holte
ihn der Produzent Bob Thiele im November 1961 ins Studio. Die Idee dahinter war, eine berühmte Session von
1937, als Carter in Paris unter anderem mit Coleman
Hawkins und Django Reinhardt die Titel *Crazy Rhythm*
und *Honeysuckle Rose* aufgenommen hatte, mit jüngerer
Besetzung und den beiden Elder Statesmen des Saxofons
neu aufzunehmen. An zwei Tagen im November 1961 traf
sich ein hoch besetztes Oktett im Studio, mit Carter,
Hawkins, denen jeweils Phil Woods und Charlie Rouse an
die Seite gestellt wurde, und einer großen Rhythmusgruppe, um sich an die alten Tage zu erinnern und zugleich
neue Impulse für Carters Jazzkarriere zu geben. »Further
Definitions« hieß das Projekt und hatte neben den historischen Titeln zwei Hits des Bandleaders (*Blue Star*, *Doozy*)
und ein paar Swing-Standards auf dem Programm. Als ei-
gentlicher Knaller aber stellte sich eine Bearbeitung von
Hawkins' 1939er Hit *Body And Soul* heraus. Denn Carter
hatte dessen berühmtes Solo stellenweise herausgeschrie-
ben und vierstimmig arrangiert. Woods, Rouse, er selbst
und schließlich Hawkins bekamen Raum zugewiesen, sich
noch einmal an die Melodie zu wagen, und schufen damit
eine Aufnahme, die in Jazzerkreisen viel Lob bekam.
Überhaupt war das ganze Projekt gut genug gelungen, um

sich anständig zu verkaufen und den Namen Carter wieder ins Gedächtnis zu rufen. So kam Thiele fünf Jahre später auf die Idee, das Ganze mit veränderter Combo noch einmal aufzugießen und unter »Addition To Further Definitions« zu veröffentlichen. Diesmal waren Koryphäen wie der Gitarrist Barney Kessel, Ray Brown am Bass im Line-up, und Carter klang, obwohl er zuvor als vielbeschäftigter Komponist mehr als ein Jahr sein Instrument nicht angerührt hatte, noch immer gewohnt elegant und geschmeidig. Die Idee allerdings war damit ausgereizt, auch wenn der Starkritiker Leonard Feather im Begleittext anmerkte: »Wenn man definieren soll, wie man einen Bläsersatz zum Klingen bringt, dann muss man auf Benny Carter verweisen. Hat er die Kontrolle, wird jede Gruppe von Saxofonen dieses spezielle Glühen bekommen. Und um heutzutage zu beweisen, dass das Altsaxofon noch immer zuerst und überhaupt ein Medium für Schönheit sein kann und soll, muss man noch einmal auf den Meister verweisen.«

Ornette Coleman

Free Jazz

Atlantic 81227 3609-2

Free Jazz / First Take
Ornette Coleman (as), Eric Dolphy (b-cl), Freddie Hubbard (tp),
 Don Cherry (pocket-tp), Scott LaFaro, Charlie Haden (b), Billy
 Higgins, Ed Blackwell (dr)
New York City, A & R-Studios, 21. Dezember 1960

Ornette Colemans (*1930) »Free Jazz« war der Schnittpunkt verschiedener laufender Diskurse. Bereits 1949 hatten Lennie Tristano und seine Schüler mit *Intuition* und

Disgression die ersten, strukturell offenen Kollektivimprovisationen auf Platte festgehalten. Cecil Taylor experimentierte seit Mitte der Fünfziger mit der Abkehr von verbindlichen Form- und Harmonieschemata, Charles Mingus mit songunabhängigen Themengliederungen und Übergängen zwischen Komposition und Improvisation, Sonny Rollins mit aufeinander folgenden motivischen Assoziationsketten. Coleman selbst wiederum war weit davon entfernt, alle Regeln des Jazz hinter sich zu lassen. Im Gegenteil: Seine Musik in »Free Jazz« blieb rhythmisch klar bebop- und bluesfundiert. Der Ablauf Thema – Soli – Thema war bewährt, die hierarchische Gliederung der Instrumente ebenso. An erster Stelle standen die Bläser, wobei Coleman selbst als Bandleader mit acht von knapp 37 Minuten das bei weitem längste Solo zugewiesen bekam. Die Exkurse der Rhythmusgruppen hingegen wurden in den zweiten Teil der Session gepackt, ansonsten standen sie dienend (Charlie Haden, Ed Blackwell) und kommentierend (Scott LaFaro, Billy Higgins) den Solisten zur Seite. Trotzdem führte die Veröffentlichung des Albums im September 1961 zu heftigen Kontroversen und Missverständnissen. Der Brachialverriss von John Tynan in der Jazzzeitschrift ›Down Beat‹ zum Beispiel brachte die Vorurteile auf den Punkt: »Kollektivimprovisation? Unfug. Die einzige Kollektivität besteht darin, dass diese acht Nihilisten zur gleichen Zeit im gleichen Studio mit dem gleichen Ziel angetreten sind: die Musik zu zerstören, der sie ihre Existenz verdanken.« Im Vergleich zu Zeitgenossen wie Paul Desmond oder Stan Getz mag dieser Eindruck plausibel erscheinen. Coleman hatte mit seinem Doppelquartett aus je zwei Bläsern, Bass und Schlagzeug jedoch anderes im Sinn. Ihm ging es darum, sich von den noch immer dominanten vierteiligen Songvorstellungen der Tin-Pan-Alley-Ära zu lösen, der Ästhetik der Reinheit eine Vorstellung der Menschlichkeit der Gestaltung – etwa in der vokalnahen, bis zum Schrei reichenden Tongebung –

entgegenzusetzen und die inhaltlichen Diktate der Funktionsharmonik wie der Modalität hinter sich zu lassen. So
war »Free Jazz« eine sechsteilige lockere Komposition,
durch thematische Einschübe in Form von Bläserclustern
oder kurze Unisono-Themen gegliedert, die über weite
Strecken rhythmisch konstant, aber harmonisch offen den
Solisten Raum für Improvisationen gab. Hubbard und
Dolphy waren Gäste und bereicherten die Session um
mehr traditionell-hardboppige bzw. melodisch-interval-
lisch experimentelle Momente. Die übrigen Musiker waren eng mit Colemans Musik und Arbeitsweise vertraut
und folgten mal kommentierend (Cherry, LaFaro, Higgins), mal sekundierend (Haden, Blackwell) dem Fluss der
Inspiration. So entstand ein im Kern sehr klares, im kür-
zeren *First Take* sogar noch wesentlich komprimierteres
Manifest der Traditionsaufweichung, das nicht Zerstö-
rung, sondern Erweiterung der Klangsprache im Sinn hatte. Als solches wurde es auch von vielen Musikern verstanden und gab dem New Thing, das seit einigen Jahren
durch die Szene geisterte, einen Namen.

Ornette Coleman

In All Languages

Harmolodic 531 915-2

*Peace Warriors / Feet Music / Africa Is The Mirror Of All Colors /
Word For Bird / Space Church (Continous Services) / Latin Ge-
netics / In All Languages / Sound Manual / Mothers Of The
Veil / Cloning*
Ornette Coleman (as, ts), Don Cherry (tp), Charlie Haden (b),
Billy Higgins (dr)
*Music News / Mothers Of The Veil / The Art Of Love Is Happi-
ness / Latin Genetics / Today, Yesterday and Tommorow / Listen*

Up / Feet Music / Space Church (Continous Services) / Cloning /
In All Languages / Biosphere / Story Tellers / Peace Warriors
Ornette Coleman (as, ts, tp), Charlie Ellerbee, Bern Nix (g), Jama-
ladeen Tacuma, Al MacDowell (b), Denardo Coleman, Calvin
Weston (dr)
New York, Acoustilog Studios, Februar 1987

Als Ornette Coleman 1987 das Album »In All Languages«
veröffentlichte, ging ein Aufatmen durch die Fangemeinde. Denn die Aufnahmen waren in mehrfacher Hinsicht
etwas Besonderes. Zum Ersten war der Saxofonist seit einem Jahrzehnt wieder in einer akustischen Band zu hören.
Zum Zweiten war diese Formation die Reunion seines legendären Quartetts von 1957 mit Don Cherry, Charlie
Haden und Billy Higgins. Und drittens stellte er die zehn
Songs, die er mit den alten Weggefährten aufnahm, dreizehn Liedern gegenüber, die er mit seiner regulären elektrischen Gruppe Prime Time eingespielt hatte, wobei sieben Titel von beiden Gruppen interpretiert wurden und
somit im Vergleich gehört werden konnten. Zum Teil un-
terschieden sie sich nur in Sound und Arrangement-De-
tails (*Peace Warriors*), zum Teil aber auch wesentlich im
Verständnis des Songcharakters. Das Titelstück zum Beispiel wurde vom Quartett als klassische Free-Ballade vorgestellt, ein Rubato-Thema über frei fließenden rhythmischen Becken-Figuren und gestrichenem Kontrabass. In
der Version von Prime Time hingegen erhielt es einen
Funk-Beat mit trocken präsentem Schlagzeug, slappendem
Bass und oszillierenden, kontrapunktischen Gitarrenfigu-
ren. Colemans getragenes Thema lief in diesem Fall über
die Patterns hinweg und bekam den Charakter einer frei
fließenden Invention, während die Band nach den Regeln
der von ihm harmolodisch genannten Kunst des harmo-
nisch-melodisch-strukturellen Changierens dichte Klang-
schichtungen erarbeitete. Der Unterschied machte deutlich, wohin sich der Komponist Coleman während der

drei Dekaden seit seinem Debüt »Something Else!« bewegt hatte. War das Quartett der späten Fünfziger ein Laboratorium individueller Spielstile, das in einer Zeit noch gefestigter Strukturen des (einschließlich des Bebops) traditionellen Jazz nach Lösungen suchte, in konstruktiver Form die musikalischen Fachzwänge der Gewohnheiten hinter sich zu lassen, so bedeutete Prime Time die Re-Organisation der in den späten Achtzigern erlaubten Vielfalt auf der Basis eines selbstbestimmten, von persönlicher Gestaltungsfreiheit durchzogenen gliedernden Netzwerks. Colemans ›Harmolodics‹ bedeuteten vor dem Hintergrund postmoderner Beliebigkeit nichts anderes als den Versuch der Rekonstruktion eines Regelwerks unter Würdigung der stilistischen Pluralität. »In All Languages« machte diese Idee durch die Gegenüberstellung der Interpretationsansätze nicht nur transparent, sondern dokumentierte, dass man bei aller Theorie auf beiden Ebenen der Erkenntnis reichlich Spaß am Musizieren haben konnte. Und das war drei Jahrzehnte nach der ersten Free-Krise eine positive, die kreative Kraft des Jazz bejahende Bilanz.

Steve Coleman

Genesis & The Opening Of The Way

RCA/BMG 74321529342

CD 1 The Council Of Balance: »Genesis«
Day One / Day Two / Day Three / Day Four / Day Five / Day Six / Day Seven / Awareness
26-köpfige Big Band plus Streichquartett u. a. mit Steve Coleman, Greg Osby (as), Ravi Coltrane (ts, ss), Greg Tardy (ts), Ralph Alessi (tp), George Lewis, Josh Roseman (tb), David Gilmore (g), Andy Milne (p) Regg Washington (b), Sean Rickman (dr)
Brooklyn, April und Juni 1997

CD 2 Five Elements: »The Opening Of The Way – Birth, Death, Regeneration«
Law Of Balance / Pi / First Cause / Wheel Of Nature / Rite Of Passage / Regeneration / Organic Movement / The Law / Fortitude And Chaos / Seti I / Polar Shift / Third Dynasty
Steve Coleman (as), Andy Milne (p), David Gilmore (g), David Dyson (bg), Regg Washington (b), Sean Rickman (dr), Miguel ›Anga‹ Diaz Zayas (perc), Rosangela Silvestre (dance)
Paris, November 1996, Brooklyn, März 1997

Genau genommen ist Steve Coleman (*1956) ein Idealist. Beherrscht von der Vorstellung, der Beliebigkeit improvisierender Ausdrucksformen eine klare Linie gegenüberstellen zu können, arbeitet der Saxofonist, Komponist und Bandleader auf ein musikalisches Gesamtkunstwerk hin. Die Eckpunkte seiner Ideenwelt sind definiert. Da ist die historische Herleitung aus dem Stilzusammenhang schwarzer Musikkultur, verwurzelt im Funk, Postbop und einer an Wiederholungsmustern orientierten Polymetrik, die sich auf afrikanische Muster rhythmischer Schichtung beruft und unmittelbaren Groove mit ausgedehnten Zähleinheiten kombiniert. Gedanklich eingepasst in das Theoriegebäude des New Yorker M-Base-Kollektivs, versteht Coleman seine Musik als kompositorisch gesteuerte Summe von Individualstilistiken, die auf einer höheren Ebene konzeptueller Erkenntnis gebündelt und in eine Form gegossen werden. Insofern ist es nur konsequent, wenn er mit einem Doppelalbum eine musikalische Schöpfungsgeschichte gestalten und darüber hinaus noch den Weg weisen will. »Genesis & The Opening Of The Way«, entstanden 1997 in einer Phase überbordender Kreativität und breiter Akzeptanz durch die internationale Szene und Kritik, arbeitet daher auf der Basis von Kontrasten mit möglichst umfassendem Material. Fülle (die Big Band The Council Of Balance) und Reduktion (das Septett Five Elements), Arrangement (*Day One*) und Offenheit (*Awareness*), Sheet Music (*Pi*) und Improvisation

(*Regeneration*), Groove (*Day One – Six*) und Entspannung (*Day Seven*), westlich hochkulturelles (Streicherensemble) und afroamerikanisches Instrumentarium (umfangreiche Perkussion), Statik (feste Band) und Bewegung (Tänzerin) stehen einander gegenüber und ergänzen sich. So entwickelt sich eine aufwändige Klangarchitektur, in die Coleman seine klaren, skalenbezogenen Linien einarbeiten kann, ohne dass die Herleitung aus der Tradition dominant würde. Ein cleveres Konzept, als Persönlichkeit innerhalb der Vielfalt der Ausdrucksmöglichkeiten zu bestehen.

John Coltrane

A Love Supreme

Impulse! IMP 11552 / 051 155-2

Acknowledgement / Resolution / Pursuance / Psalm
John Coltrane (ts), McCoy Tyner (p), Jimmy Garrison (b), Elvin Jones (dr)
Englewood Cliffs, New Jersey, Van Gelder Studio, 9. Dezember 1964

Als John Coltrane (1926–1967) am 9. Dezember 1964 in Rudy van Gelders Studio erschien, brachte er nur ein paar Motiv- und Ablaufskizzen und ein selbstverfasstes Gedicht mit. Aber er hatte eine konkrete Vorstellung davon, was er mit seinem Quartett spielen wollte. Es sollte eine Jazzhymne zu Ehren Gottes werden, ein Ausdruck sowohl seiner eigenen wachsenden Spiritualität als auch der spontanen Kreativität, zu der seine Mitspieler fähig waren, und insgeheim ein Requiem für den im vorangegangenen Juni gestorbenen engen Freund Eric Dolphy. Die Voraussetzungen waren gut. Das Quartett spielte seit 1961 intensiv zusammen und hatte wenige Monate zuvor mit »Crescent« bewiesen, dass es in der Lage war, die gemeinsame Energie in musikalische Intensität zu verwandeln. Diesmal waren die Voraussetzungen etwas anders. »A Love Supreme« bestand nicht aus einzelnen Songs, sondern war als vierteilige Suite gedacht, in der die Spannung sowohl innerhalb der einzelnen Teile als auch über die gesamte Länge hinweg entwickelt werden musste. Bis auf die rudimentären Vorgaben hatte die Band alle Freiheit und sie nützte sie mit enormer Konzentration.

In der Anlage modal um die Zentren B^b, E^b und C gebaut, war vor allem McCoy Tyner herausgefordert, passende harmonische Durchführungen zu finden. Er perfektionierte sein System der engen Umspielungen von Akkorden und schaffte es in seinen Soli von *Resolution* und *Pursuance*, geschickt die Balance zwischen bläserartigen Single-Note-Linien und mächtiger Akkordik zu finden. Elvin Jones hielt die Waage zwischen beckenlastigem Beat und ausgedehnten, mit dem Saxofon korrespondierenden Fills, Jimmy Garrisons Bass lieferte neben der berühmten »A Love Supreme«-Figur einen zuverlässigen Puls. Coltrane selbst nahm sich zurück und steigerte sich pointiert, aber kontrolliert in ekstatische Passagen oder stellte wie bei *Psalm* die Schönheit des Sounds in den Vordergrund. So entstand einer der großen Momente musikalischer Koinzidenz, der sich auch nicht in dieser Form wiederholen ließ. Coltrane versuchte am folgenden Tag weitere Aufnahmen von *Acknowledgement* und *Resolution*, ergänzt um Archie Shepp und Art Davis. Sie kamen nicht an den Glücksgriff des 9. Dezember heran.

John Coltrane

Ascension

Impulse! 543 413-2

Ascension (Edition II) / Ascension (Edition I)
John Coltrane, Pharoah Sanders, Archie Shepp (ts), Freddie Hub-
bard, Dewey Johnson (tp), Marion Brown, John Tchicai (as),
McCoy Tyner (p), Art Davis, Jimmy Garrison (b), Elvin Jones (dr)
Englewood Cliffs, New Jersey, Van Gelder Studio, 28. Juni 1965

Dieses Album war ein Experiment. Anstatt nur sein
Quartett mit McCoy Tyner, Jimmy Garrison und Elvin
Jones ins Studio zu bitten, das ihm seit 1962 bei fast allen
Aufnahmen zur Seite gestanden hatte, lud John Coltrane
zu einem Ortstermin der Avantgarde in größerer Beset-
zung. Insgesamt zehn Musiker trafen sich bei Rudy van
Gelder, um sich mit dem neben Miles Davis bekanntesten
Jazzmusiker dieser Jahre an einer freien Kollektivimprovisation zu versuchen. Neben Berühmtheiten wie Freddie
Hubbard erschienen auch Aufsteiger der Avantgarde-Sze-
ne wie Archie Shepp und Pharoah Sanders, der wenige
Monate später zum festen Mitglied von Coltranes Sextett
werden sollte. Die Vorgaben waren schlicht. Ein simples
Grundmotiv wurde eingeführt, das in zwei Durchläufen
mal als Tutti, mal als Solo bearbeitet wurde. Anstatt des
deutlich strukturierenden Beats wählte man einen eher
diffusen Puls, der über Jones' beckenlastige Begleitung
den Klangraum in Ansätzen zusammenhielt. Vorgaben
gab es kaum, jeder Musiker bekam die Möglichkeit, sich
im Rahmen des gemeinsamen Gruppensounds zu entfalten. Für Coltrane war das eine spannende Auseinandersetzung mit den Problemen der Ausdruckskraft, die ihn seit
Monaten beschäftigten. Hatte er bis zu diesem Zeitpunkt
die Perspektiven im Quartettspiel ausgelotet, war er nun
auf der Suche nach einem freieren Konzept, das sowohl

seiner wachsenden Religiosität wie dem Bedürfnis nach unbeschränkter Kreativität gerecht wurde. »Ascension« knüpfte daher in Konzeption und Durchführung an die Gedankenwelt von Ornette Colemans »Free Jazz« an, ergänzte sie um spirituelle Konnotationen der Transzendenz – immerhin nannte er die Session »Himmelfahrt«! – und hoffte auf die Wirkung geballter individueller Gestaltungskraft. Jedenfalls schlug sich jeder, so gut er konnte, und manch einer ging wie McCoy Tyner angesichts des Lärms der anderen einfach unter. Ob das Kalkül aufging, bleibt ein Streitfall unter Spezialisten. Für die einen ist »Ascension« ein Manifest der aus dem Kollektiven erwachsenen Beliebigkeit, für die anderen ein Höhepunkt des inspirierten freien Spiels. Zwei Versionen nahm man auf, veröffentlichte auf der ersten Pressung *Ascension Edition I*, ab der zweiten jedoch die vermeintlich schlüssigere Fassung *Ascension Edition II*. Es war ein Experiment und blieb eines, das Coltrane nicht wiederholte.

John Coltrane

Giant Steps

Atlantic Masters 81227 3610-2

Giant Steps / *Cousin Mary* / *Countdown* / *Spiral* / *Syeeda's Song Flute* / *Naima* / *Mr P. C.* / *Giant Steps* (alternate version 1) / *Naima* (alternate version 1) / *Cousin Mary* (alternate take) / *Countdown* (alternate take) / *Syeeda's Song Flute* (alternate take) / *Giant Steps* (alternate version 2) / *Naima* (alternate version 2) / *Giant Steps* (alternate take)
John Coltrane (ts), Paul Chambers (b), Cedar Walton, Wynton Kelly, Tommy Flanagan (p), Lex Humphries, Art Taylor, Jimmy Cobb (dr)
New York City, Atlantic Studio 2, 26. März / 4. und 5. Mai / 2. Dezember 1959

Die CD-Version von »Giant Steps« kratzt am Mythos des Originalalbums. Denn die Alternate Takes, besonders die zwei Monate vor der letztendlich veröffentlichten Version entstandenen Varianten des Titelstücks, dokumentieren die Formelhaftigkeit, mit der sich John Coltrane (1926–1967) an die Ausarbeitung seiner irreführend »Sheets Of Sound« genannten Skalenkaskaden machte. Sie zeigen aber auch, mit welcher Zielstrebigkeit der Tenorsaxofonist daran arbeitete, das Bestmögliche aus seinen Ideen zu machen. Durch den Vertrag mit Atlantic finanziell abgesichert, konnte er es sich erlauben, verschiedene Besetzungen auszuprobieren. Die erste vom 26. März mit Cedar Walton am Klavier und Lex Humphries am Schlagzeug erwies sich als nicht flexibel genug. Erst Tommy Flanagan und Art Taylor hatten die nötige Chuzpe, mit den zum Teil provokant unkonventionellen Stücken mitzuhalten. *Giant Steps* kam mit einem kurzen Thema aus, hatte aber harmonisch seine Tücken durch die Kombination schwer verknüpfbarer Chords. Das überwiegend von Saxofon und Schlagzeug bestimmte *Countdown* war eine weitgehende Substitution der Akkord-Vorgaben des Miles-Davis-Stücks *Tune Up*. Beide loteten mit etüdenhafter Ernsthaftigkeit und irrwitzig schnell gespielten Achtelläufen die bisherigen Gestaltungsgrenzen des Hardbops aus. *Cousin Mary* und das Hommagestück an Paul Chambers *Mr. P. C.* arbeiteten kraftvoll und souverän flüssig mit den geläufigen Schemata des Blues. Die Ballade *Naima* mit Wynton Kelly am Klavier und im Vergleich zu den übrigen Kompositionen von »Giant Steps« ausgeklügelter Motivik hingegen entstand erst im Dezember 1959 und wurde noch kurz vor der Veröffentlichung des Albums im Januar 1960 dem Masterband hinzugefügt. *Syeeda's Song Flute* schließlich spielte als Stück für Coltranes Stieftochter mit dem Kinderliedhaften, und *Spiral* war eine unauffällige Hardbopkomposition mit eingängigem Thema. So waren die Einzelteile des Albums disparat zusammengesetzt. In ih-

rer Gesamtheit jedoch wirkten sie wie ein Keulenschlag.
Nur wenige Wochen versetzt zu Miles Davis' Cool-Hym-
ne »Kind Of Blue« zum Teil mit den gleichen Beteiligten
aufgenommen, wirkte es wie ein Befreiungsschlag eines
musikalischen Giganten, dem es endlich gelungen war, aus
dem Schatten berühmter Kollegen herauszutreten und den
Weg in eine Zukunft zu weisen, in der die bisherige Naivi-
tät der Interpretation nicht mehr möglich sein würde. Die
Kritik übrigens reagierte zunächst eher irritiert als begeistert. Das meinungsführende Jazzmagazin ›Down Beat‹
meinte immerhin: »Diese LP kann man zu den wichtigen
zählen.«

Chick Corea
Return To Forever
ECM 1022

Return To Forever / Crystal Silence / What Game Shall We Play
Today / Sometime Ago – La Fiesta
Chick Corea (el-p), Joe Farrell (fl, ss), Flora Purim (voc), Stanley
  Clarke (b), Airto Moreira (dr, perc)
New York, A & R Studios, 2./3. Februar 1972

Es war die Zeit der Fusionen. Die Sechziger hatten die
Konventionen der improvisierenden Musik hinweggefegt,
die Siebziger suchten danach, neue zu finden. Ausprobiert
wurde alles, was Innovation versprach, und »Return To
Forever« war ein typisches Produkt dieser stilübergreifen-
den Suche nach Intensität. Kopf der Gruppe war der Pianist Chick Corea (* 1941), der in diesen Jahren zu den um-
triebigsten Gestalten der Szene gehörte – immerhin spielte
er nahezu zeitgleich herben Jazzrock bei Miles Davis, im-

pulsiv-ästhetischen Free Jazz mit Circle, verinnerlichten Kammerjazz im Duo mit Gary Burton und latin-angehauchten Electric-Sound mit »Return To Forever«. Dazu kamen der gerade 20-jährige Bassist Stanley Clarke, der technische Überflieger Joe Farrell an Flöte und Saxofonen und das brasilianische Musiker-Ehepaar Flora Purim und Airto Moreira. Der Klang der Band wurde geprägt von dem seit einem knappen Jahrzehnt bühnentauglichen elektrischen Piano und der Bassgitarre auf der einen Seite, der die natürliche Stimme, die Flöten, das Sopransaxofon und vielschichtige Perkussion gegenüberstanden. Das musikalische Zentrum bildeten die beiden suitenhaft langen Kompositionen *Return To Forever* und *Sometime Ago – La Fiesta*. Letztere bestand aus zwei deutlich getrennten Teilen, wobei das spanish-latin-groovende *La Fiesta* unabhängig vom langen Intro zum Standard des modernen Jazzrepertoires wurde. Ebenso wie *Crystal Silence*, das Corea zusammen mit *What Game Shall We Play Today* neun Monate später noch einmal mit Gary Burton aufnahm. Das Besondere an »Return To Forever« jedenfalls bestand in der Steigerungsfähigkeit und dem musikdramaturgischen Feingefühl, mit dem die Musiker agierten. In langen Schleifen etwa duellierten sich Clarke und Corea im Zwiegespräch (*Sometime Ago*), der eine mit ungewöhnlich hartem, perkussivem Spiel am Kontrabass, der andere mit typischen beidhändigen Unisono-Tonkaskaden, um schließlich im flirrend schwebenden Klangverbund des Ensembles aufzugehen. Farrell war in der Lage, mit seinem Sopransaxofon hypnotische, ausladende Improvisationen zu gestalten (*La Fiesta*), Purim spielte mit den schreienden, kieksenden, gurrenden Möglichkeiten des wortlosen Gesangs (*Return To Forever*), Moreira wiederum entfesselte stellenweise ein Feuerwerk der Perkussionklänge. So wurde die Band zusammen mit der von Moreira mitgegründeten Konkurrenz Weather Report zum Pionier des elektrisch geprägten Fusion-Sounds der Siebziger.

Chick Corea / Gary Burton

Crystal Silence

ECM 1024

Señor Mouse / Arise, Her Eyes / I'm Your Pal / Desert Air / Crystal Silence / Falling Grace / Feelings And Things / Childrens Song / What Game Shall We Play Today
Chick Corea (p), Gary Burton (vib)
Oslo, Arne Bendiksen Studio, 6. November 1972

Der Trend hatte sich seit ein paar Jahren angedeutet. Nachdem zu Beginn der Sechziger mit dem Free Jazz die vorherrschenden Formprinzipien der bebop-geprägten Improvisation gesprengt worden waren und die Musiker sich im Anschluss daran an verschiedenen Fusionen mit Nachbardisziplinen wie Soul, Rock oder Ethno versucht hatten, war mit dem Ausklang der Ära der offensiven Freiheit wieder mehr Inhalt gefragt. Die Künstler besannen sich auf sich selbst, horchten in sich hinein und fanden stellenweise interessante individualistische Antworten auf die Herausforderungen der Pluralität. »Crystal Silence« ist dafür ein ausgezeichnetes Beispiel. Zum einen sind da zwei markante musikalische Persönlichkeiten. Der Pianist Chick Corea (*1941) war in den Sechzigern dem Mainstream entwachsen, hatte bei Miles Davis gedient (»Bitches Brew«, 1969) und befand sich gerade in einer Phase enormen Schaffensdrangs, den er gleichzeitig in Bands wie der Free-Combo Circle und dem Jazzrockprojekt Return To Forever auslebte. Gary Burton (*1943) wiederum war fest im modernen Mainstream verankert, hatte ihn aber durch eine selbstentwickelte Vier-Schlägel-Technik am Vibrafon so sehr modifiziert, dass er als wichtigster Instrumentalist seines Fachs nach Lionel Hampton, Red Norvo und Milt Jackson galt. Beide Musiker waren im Duo erprobt und hatten die Gabe, genau zuzuhören. So konnte an nur einem Novembertag in Oslo 1972 ein Album aufgenommen werden, das in Sachen Interplay und kommunikativer Kreativität Maßstäbe setzte. Coreas clevere Polytonalität und fein changierende Harmonik, seine kräftig ausgestalteten Bässe und pointiert mit Latinfiguren durchsetzten Melodieführungen ergänzten komplementär Burtons von fein schwebenden Flächen bis zu perkussiven Tonkaskaden anwachsende Klangvariationen. Obwohl improvisiert, hätten die beiden Musiker nicht enger und präziser zusammen spielen können – das Resultat eines uneitlen Umgangs mit der eigenen Virtuosität zugunsten der gemeinsamen Wirkung. Kompositionen wie *Señor Mouse*, *Crystal Silence* und *Childrens Song* galten bereits bald nach Veröffentlichung als Standards. Ein Klassiker des Kammerjazz war entstanden, eine der Sternstunden der Inspiration, die die in den Sechzigern gehegten Zweifel an der Ausdruckskraft der Musik so konservativ wie kreativ hinwegfegten.

Miles Davis

The Complete Birth Of The Cool

Capitol Jazz 7243 494550 2 3

The Studio Sessions: *Move / Jeru / Moon Dreams / Venus De Milo / Budo / Deception / Godchild / Boplicity / Rocker / Israel / Rouge / Darn That Dream* / The Live Sessions: *Birth of The Cool Theme / Symphony Sid Announces The Band / Move / Why Do I Love You / Godchild / Symphony Sids Introduction / S'il Vous Plaît / Moon Dreams / Budo (Hallucination) / Darn That Dream / Move / Moon Dreams / Budo (Hallucinations)*
The Studio Sessions: Miles Davis (tp), Kai Winding, J. J. Johnson (tb), Junior Collins, Sandy Siegelstein, Gunther Schuller (frh), Bill Barber (tuba), Lee Konitz (as), Gerry Mulligan (bar-s), John

Lewis, Al Haig (p), Joe Shulman, Nelson Boyd, Al McKibbon
(b), Max Roach, Kenny Clarke (dr), Kenny Hagood (voc)
New York, 21. Januar / 22. April 1949 / 9. März 1950

The Live Sessions: Miles Davis (tp), Mike Zwerin (tb), Junior Collins (frh), Bill Barber (tuba), Lee Konitz (as), Gerry Mulligan
(bar-s), John Lewis (p), Al McKibbon (b), Max Roach (dr),
Kenny Hagood (voc)
New York, Royal Roost, 4./18. September 1948

Der Titel »Birth Of The Cool« tauchte zum ersten Mal
1954 auf, als ein Teil der Aufnahmen des Miles Davis
(1926–1991) Nonetts auf einer 25 cm-LP veröffentlicht
wurde. Als wirkliches Etikett fungierte er erst seit 1957, als
die Capitol endlich elf der 12 Studioaufnahmen auf einer
Langspielplatte versammelte (die Ballade *Darn That
Dream* mit dem Sänger Kenny Hagood passte zu dieser
Zeit nicht mehr ins Konzept). Damals waren aber bereits
die wirklich coolen Aufnahmen der mittleren Fünfziger
mit dem Davis-Quintett auf dem Markt, so dass der Titel
streng genommen in die Irre führt. Fest steht allerdings,
dass der Sound, der in drei Schellack-Sessions 1949 und
1950 festgehalten wurde, sich tatsächlich deutlich von dem
unterschied, was üblicherweise in den Clubs zu hören war.
Die Arrangeure Gil Evans, Gerry Mulligan und John Lewis versuchten, einen weichen Orchesterklang à la Claude
Thornhill auf die kleine Besetzung von sechs Bläsern und
Rhythmusgruppe zu komprimieren. Der Weg dorthin
führte zum Beispiel über formale Experimente wie in *Boplicity*, wo das 32-taktige AABA-Schema durch geschmei-
dige, die Teile eng verbindende Linienführung relativiert
und im zweiten Chorus durch einen um zwei Takte verlän-
gerten B-Part verändert wurde. Bebop-Läufe wurden für
Ensemble ausarrangiert und verlangsamt, Soli fanden zum
Teil über auskomponierter Grundlage statt und Mulligans
Jeru weichte die Liedform durch wechselnde ¾- und
⁴⁄₄-Takte, Verkürzungen und Dehnungen beinahe völlig

auf. Davis selbst verzichtete weitgehend auf dramatische Stilmittel wie große Intervallsprünge, Dynamikkontraste, intensivierende Tongestaltung und konzentrierte sich darauf, flüssig, getragen, traditionell zu phrasieren. Allerdings hatten die Musiker keinen Paradigmenwechsel im Sinn, eher eine Ausweitung des Ausdrucksinventars. Das belegen sowohl schnelle Nummern wie *Move* oder *Budo*, wie auch die der CD-Ausgabe angehängten Live-Radio-Aufnahmen aus der Hähnchenbraterei »Royal Roost« am Broadway. Dort hatte das Nonett ein halbes Jahr vor den ersten Studioterminen ein Engagement und spielte vor allem solistisch weitaus gewagter. So ist »Birth Of The Cool« eine Ideensammlung, die Möglichkeiten der ästhetischen Fortsetzung der Bebop-Ära reflektierte. Zu einem programmatischen Konzeptalbum wurde es erst in der Rückschau der Jazzgeschichtsschreibung. Davis selbst jedenfalls meinte dazu in seiner Autobiographie: »Wir spielten uns etwas sanfter in die Ohren der Leute als Bird und Diz, bewegten uns in Richtung Mainstream. Mehr war's nicht« (M. Davis, *Die Autobiographie*, Hamburg 1993, S. 143).

Miles Davis

Bitches Brew

CBS C2K 65774

CD 1: *Pharaoh's Dance / Bitches Brew*
CD 2: *Spanish Key / John McLaughlin / Miles Runs The Voodoo Down / Sanctuary*
Miles Davis (tp), Wayne Shorter (ss), Bennie Maupin (b-cl), Joe Zawinul, Chick Corea, Larry Young (e-p), John McLaughlin (g), Dave Holland (b), Harvey Brooks (e-b), Lenny White, Jack DeJohnette (dr), Don Alias (dr, perc), Jim Riley (perc)
New York, 19.–21. August 1969

Als Joe Zawinul aus dem Studio kam, war er enttäuscht. Da sei zu viel Leerlauf dabei gewesen, meinte er, insgesamt eine redundante Session. Als er jedoch ein paar Monate später die Bänder wieder hörte, war er begeistert und erkannte die Musik kaum wieder. Miles Davis und sein Produzent Teo Macero hatten ganze Arbeit geleistet und über aufwändige Nachbearbeitung ein eigenständiges Werk geschaffen, das sich zum Teil beträchtlich von den Aufnahmen unterschied, die im Hippie-August 1969 entstanden waren. *In Pharaoh's Dance* und *Bitches Brew* zum Beispiel hatten sie über Bandschleifen einzelne Teile verlängert und über Wiederholungen die klangdramaturgischen Schwerpunkte verlagert. Zu ausladende Passagen waren herausgenommen, dafür andere durch Repetitionen und zum Teil radikale Schnitte ergänzt worden. Wayne Shorters *Sanctuary* war die Kombination zweier unterschiedlicher Aufnahmen, lediglich *Miles Runs The Voodoo Down* und *Spanish Key* blieben unangetastet und repräsentierten den tatsächlichen Ablauf der Session. Die Wirkung des Albums war trotz der Tricks enorm. Es wurde nicht nur Miles Davis' erste goldene Schallplatte, sondern auch eine Initialzündung des Jazz Rocks. Schon der Sound von »Bitches Brew« war gewaltig, neuartig. Zwei Schlagzeuger und stellenweise bis zu drei E-Pianos gleichzeitig schichteten Klangräume von undurchdringlicher Dichte. Harvey Brooks' E-Bass sorgte für ein groovendes Fundament, um das die Kontrabasslinien des jungen Dave Holland mäandrierten. John McLaughlins aggressive Gitarrenattacken, Wayne Shorters hymnische Sopranpassagen, Bennie Maupins kolorierende Bassklarinettenlinien, schließlich Davis' mal kieksend reduktionistische Einzeltöne, mal getragen klare Legatophrasen setzten sich zu einem Stilkonstrukt zusammen, das den psychedelischen Geist der Zeit traf. Und den Geschmack der Grammy-Jury, die das Album 1970 als »Best Jazz Performance – Large Group or Soloist With Large Group« auszeichnete.

Miles Davis

Kind Of Blue

CBS CK 64935

Freddie Freeloader / So What / Blue In Green
Miles Davis (tp), John Coltrane (ts), Julian ›Cannonball‹ Adderley
(as), Bill Evans, Wynton Kelly (p), Paul Chambers (b), Jimmy
Cobb (dr)
New York City, Columbia 30th Street Studio, 2. März 1959

Flamenco Sketches / All Blues
Miles Davis (tp), John Coltrane (ts), Julian ›Cannonball‹ Adderley
(as), Bill Evans (p), Paul Chambers (b), Jimmy Cobb (dr)
New York City, Columbia 30th Street Studio, 22. April 1959

Miles Davis meinte in seiner Autobiographie, dass das Album »Kind Of Blue« eigentlich misslungen sei. Als er im Frühjahr 1959 sein Sextett im Studio versammelt hatte, habe er die Stimmung des afrikanischen Daumenklaviers auf eine Jazzband übertragen wollen. Die beiden Aufnahmesessions entwickelten sich jedoch in eine andere Richtung. Besondere Charakteristika waren die in sich geschlossene, einheitliche Stimmung der Stücke, die bereits auf »Milestones« begonnene Auflösung der Funktionsharmonik zugunsten des offeneren modalen Systems, der Verzicht auf Hardbop-typische Bläserthemen, der fließende Puls des Rhythmus anstelle des dominierenden Beats, der fehlende Wettkampfcharakter der Soli, die gelungene Fusion sehr unterschiedlicher musikalischer Charaktere. Das hatte unterschiedliche Ursachen. Zunächst stammten alle Kompositionen von Miles Davis. *Blue In Green* und *Flamenco Sketches* griffen jedoch auf harmonische Vorarbeit von Bill Evans zurück, dessen offene Voicings überhaupt den Charakter des Albums prägten. Die Songs wurden den Musikern im Studio zum ersten Mal präsentiert, erforderten daher besondere Konzentration. Formal waren sie ungewöhnlich. Bei *So What* übernahm der Bass das Thema, die Band antwortete mit einer lautmalerischen Response-Figur. Das Ganze wurde von D-dorisch in E^b-dorisch transponiert, weitere Vorgaben gab es nicht. *Freddie Freeloader* basierte auf einem fallenden Zweiton-Motiv, *All Blues* auf dem geschickten Gegensatz des Dreier-Rhythmus, der Boogie-ähnlichen Klavierphrase, des Auf und Ab der Saxofonlinie und der angedeuteten Trompetenmelodie. *Blue In Green* wiederum erschien als ungewöhnlicher 10-Takte-Chorus formlos fließend und *Flamenco Sketches* schließlich bot kaum noch eine identifizierbare Themengestalt. Zusammengehalten wurden manche Passagen nur von Jimmy Cobbs behutsamen Beckenfiguren, dann wiederum brachen John Coltrane und Cannonball Adderley mit aufbrausenden Solo-Passagen aus. Miles Davis übte coole Zurückhaltung und reduzierte seine Soli auf getragene, fragmentarische Linien, Bill Evans wiederum leistete etwa mit dem Quartschicht-Akkord in *So What* harmonisch Wegweisendes. So setzte sich aus vielen gelungenen Einzelteilen ein Album zusammen, das bis heute zu den besten des Jazz überhaupt gezählt wird.

Miles Davis

We Want Miles!

Columbia COL 469402 2

Jean Pierre 1 / Back Seat Betty / Fast Track / Jean Pierre 2 / My Man's Gone Now / Kix
Miles Davis (tp), Bill Evans (ss, ts), Mike Stern (g), Marcus Miller (e-b), Al Foster (dr), Mino Cinelu (perc)
Boston, 27. Juni 1981, Kix (# 3, 5, 6) / New York, Avery Fisher Hall, 5. Juli 1981 (# 2) / Tokio, 4. Oktober 1981 (# 1, 4)

Im Jahr 1975 begann für Miles Davis die Finsternis. Er zog sich aus der Öffentlichkeit zurück, lebte von Drogen, Alkohol, Sex und rührte sein Instrument nicht mehr an. Erst 1980 änderte sich die Situation, als Cicely Tyson ihn dazu brachte, den Rauschgiftkonsum zu reduzieren, und ihn sein Neffe Vincent Wilburn überredete, wieder Musik zu machen. Das Comeback-Album »Man With The Horn« (1981) wurde von der Kritik wohlwollend aufgenommen, die daran anschließende Tour ein Erfolg. Proben hatten kaum stattgefunden, denn Davis wollte, dass seine bis auf Al Foster neue Mannschaft möglichst unverkrampft spielte. Die Aufwärmgigs fanden im Juni 1981 im Bostoner Club Kix statt und Davis ließ vorsorglich die Bänder mitlaufen. Auf dem Programm standen Songs vom Comeback-Album – *Back Seat Betty*, die wenig schmeichelhafte Hommage an Davis' kurzzeitige Ehefrau Betty Mabry, und *Aida*, das diesmal *Fast Track* hieß –, ergänzt um die dem Club zugedachte Nummer *Kix*, eine Reminiszenz an das »Porgy & Bess«-Album (*My Man's Gone Now*) und den kinderliedhaften Ohrwurm *Jean Pierre*, eine Widmung an Cicely Tysons gleichnamigen Sohn. Der Charakter der Lieder folgte ebenfalls der Platte »Man With The Horn«, was angesichts der ähnlichen Besetzung nahe lag. Es gab harten Slow Funk (*Back Seat Betty*), Reggae-Swing (*Kix*), Balladenhaftes (*My Man's Gone Now*), vor allem aber einen Bandleader, der elegant mit dem Klangraum umzugehen verstand und nur die nötigsten Noten spielte. Das Gespann Foster/Miller erwies sich als bestens harmonierend, denn der Stoiker am Schlagzeug und der mit den seit Larry Graham und Bootsy Collins geläufigen Slaptechniken experimentierende Bassist groovten lässig und reduziert. Mike Sterns heftige Rockausfälle an der Gitarre wirkten zwar stellenweise deplatziert und Bill Evans' Tenorsaxofon zuweilen formelhaft. Die Band insgesamt aber war exzellent, der Sound ungewöhnlich kompakt und Miles noch immer ein Charismatiker. So kam's, dass der

Zusammenschnitt der Sommerkonzerte, den die Columbia unter dem Titel »We Want Miles!« veröffentlichte, nicht nur eine große Fangemeinde fand, sondern Davis für seine gezielt platzierten Einzeltöne auch noch einen Grammy (Best Jazz Instrumental Performance – Soloist, 1982) erhielt.

Jack DeJohnette

Special Edition

ECM 1152

One For Eric / Zoot Suite / Central Park West / India / Journey To The Twin Planet
David Murray (ts, b-cl), Arthur Blythe (as), Peter Warren (b, cello), Jack DeJohnette (dr, p, melodica)
New York, März 1979

Der Chicagoer Schlagzeuger Jack DeJohnette (*1942) entwickelte sich innerhalb eines guten Jahrzehnts vom Quereinsteiger der New Yorker Szene Mitte der Sechziger zum Meinungsführer in Stilfragen. Das hatte verschiedene Gründe. Zunächst war er Multiinstrumentalist, der neben seinem Kerninstrument unter anderem Klavier, Bass und Saxofon spielte. Sein musikalisches Konzept ging weit über die Vorstellung des Begleitens und gelegentlichen Impulsgebens hinaus. Er verstand das Schlagzeug als Orchester, wahlweise als Piano, deren Vielfalt der Farbgebung er auf Trommeln, Becken und Perkussion übertragen wollte. Er sah sich fest in der afroamerikanischen Tradition verwurzelt, ohne sie zu dogmatisieren, und war im Rock ebenso zu Hause wie in Jazz, Avantgarde oder zeitgenössischer Experimentalmusik. Vor allem aber hatte sich

DeJohnette trotz dominanter Sidemen wie Miles Davis, Bill Evans oder Charles Lloyd seine Neugier erhalten und war ständig auf der Suche nach unkonventionellen Klängen. Zeichen dafür waren etwa seine Schlagzeug-Solo-LP »Pictures« (1976) oder auch die verschiedenen Bandprojekte, mit denen er Soundideen testete. »Gateway« (1975) etwa verarbeitete das Triokonzept gemeinsam mit John Abercrombie (g) und Dave Holland (b) zum kommunikativen Spiel von Gleichberechtigten, »New Directions« (1978) nahm über Lester Bowie (tp) Bezug auf die Chicagoer Avantgarde. »Special Edition« schließlich war der Link zur Welt der Blasinstrumente. David Murray experimentierte zum Zeitpunkt der Gruppengründung mit dem World Saxophone Quartet in akustischem Neuland, Arthur Blythe changierte zwischen Experimentellem und Free Funk. Mit den fünf kunstvoll zwischen Komposition und Improvisation changierenden Stücken des »Special Edition« postierten sie sich nun in der Nachfolge von Eric Dolphy bis Zoot Sims, denen sie ihre stilistisch pfiffigen Widmungen zukommen ließen. So geriet *One For Eric* etwa zur humorvollen Hommage, die von Dolphys großen Intervallsprüngen über seine Vorstellung kompositorischer Reihung bis hin zu nervösen Melodielinien vieles zitierte und weiterführte. DeJohnette hatte dabei die Rolle des Zentrums, das über den Puls hinaus in ständigem Rekurs auf die Experimente der anderen eine zusätzliche Ebene des musikalisch rhythmischen Kommentars gestaltete. Und die »Special Edition« avancierte im Anschluss an diese akustische Grundsteinlegung zum Ausgangspunkt zahlreicher weiterer Alben und Tourneen.

Eric Dolphy

Out To Lunch

Blue Note 498793-2

Hat And Beard / Something Sweet, Something Tender / Gazzelloni / Out To Lunch / Straight Up And Down
Eric Dolphy (as, fl, b-cl), Freddie Hubbard (tp), Bobby Hutcherson (vib), Richard Davis (d), Tony Williams (dr)
Englewood Cliffs, New Jersey, 25. Februar 1964

Mit Eric Dolphy (1928–1964) veränderte sich einiges. Er führte die Bassklarinette als eigenständiges Instrument in den Jazz ein und verhalf der Flöte nach Frank Wess zu neuer Akzeptanz. Er improvisierte in großen Intervallsprüngen und rhythmisch komplexen Mustern, integrierte Geräusche, Naturimitationen, Sprachfetzen, Schreie als stimmige Ausdrucksdetails in die Musik und trieb die Songform bis an die Grenzen der Relativierbarkeit, ohne sie endgültig zu verlassen. Vier Monate vor seinem überraschenden Tod aufgrund von zu spät erkanntem Diabetes nahm er mit seinem Quartett bei Rudy van Gelder sein bekanntestes Album »Out To Lunch« auf. An seiner Seite hatte Dolphy den Trompeter Freddie Hubbard, mit dem er bereits seit 1960 regelmäßig arbeitete, außerdem eine sehr spezielle Rhythmusgruppe mit dem Vibrafonisten Bobby Hutcherson, seinem alten Mitstreiter Richard Davis am Bass und Miles-Davis-Drummer Tony Williams. Die fünf Kompositionen deckten eine breite Ausdruckspalette ab. *Hat And Beard* gab sich zunächst als Swing, schwenkte dann aber schnell über einem absteigenden Basslauf in ein ungerades, pulsierendes Schema, das Dolphy für ein humorvolles Bassklarinetten-Solo mit reichlich Geräuschintarsien bis hin zum Entengeschnatter nützte. Hubbard antwortete mit klaren Notensalven, Hutcherson wiederum ließ über einem Bass-Ostinato ein verstocktes

Solo folgen, bis schließlich alle zusammen mit einem weiteren Thema einsetzten. Ähnlich kontrastreich arbeiteten alle Kompositionen des Albums: *Something Sweet, Something Tender* als schwere Bläserballade, wieder mit aufbrandender, fauchender Bassklarinette, *Gazzelloni* als Swing-Zitat mit peitschender Flöte über alterierten Vibrafonakkorden, *Out To Lunch* als ausladende, sich in mehreren instrumentalen Schichten zusammensetzende Altsaxofon-Erzählung, *Straight Up And Down* schließlich als abstrahiertes Blues-Derivat mit einem in den Tonhöhenunterschieden extremen Thema, das den Stücktitel ernst nahm. Kritiker monierten damals, dass Dolphy mit »Out To Lunch« begann, sich einer selbst gesetzten Konvention zu nähern, und den Avantgarde-Anspruch zu verlieren drohte. Das erscheint allerdings angesichts der gemeinsam entwickelten Intensität und enormen kommunikativen Vielfalt, die die Stücke beseelen, weit hergeholt. Im Gegenteil: »Out To Lunch« wirkte vielmehr wie auf dem Sprung in eine neue Phase der musikalischen Stilerkenntnis, die Dolphy allerdings nicht mehr vollziehen konnte.

Dave Douglas

Charms Of The Night Sky

Winter & Winter 910 015-2

Charms Of The Night Sky / Bal Masqué / Sea Change / Facing West / Dance In Thy Soul (For Charlie Haden) / Little One / Mug Shots: Wild Coffee – The Girl With The Rose Hips – Decafinata / Poveri Fiori / Odyssey / Twisted / Codetta
Dave Douglas (tp), Guy Klucevsek (acc), Mark Feldman (vl), Greg Cohen (b)
New York, Atavar Studios, 18./19. September 1997

Als in den späten Siebzigern im Umkreis des französischen Musikkollektivs ARFI (Association à la Recherche d'un Folklore Imaginaire) der Begriff der »imaginären Folklore« geprägt wurde, hatten die Musiker eigentlich eine Form zeitgenössischen, strukturierten Improvisierens im Anschluss an die Ungebundenheit des Free Jazz im Sinn. Doch der Ausdruck erwies sich als derartig prägnant, dass er bald auf diverse Klangexperimente angewandt wurde, die sich mit dem diffusen Erbe volksmusikalischer Überlieferung beschäftigten. Auch Dave Douglas' »Charms Of The Night Sky« passt im weiteren Sinne in dieses Gedankenkonstrukt einer als Inspiration wahrgenommenen Folklore. Der 1963 in Montclair, New Jersey, geborene und seit 1984 in New York heimische Trompeter hatte zunächst sein Handwerk bei Horace Silver, dann im Umkreis des Avantgarde-Clubs Knitting Factory und von John Zorns Massada-Projekt gelernt. Mit lyrischem Ton, auch über lange Strecken fließendem Duktus, erstaunlicher stilistischer Vielfalt und struktureller Übersicht setzte er dem neokonservativen Diktat der Neunziger eine neue Offenheit der Inhalte entgegen, die zeitgenössische Gestaltungsmomente ebenso integrierte wie folklorehafte, postboppige Elemente. »Charms Of The Night Sky« dokumentierte dabei seine Hochachtung für das Klangerbe der Alten Welt, besonders für das der osteuropäischen Folklore. Damit knüpfte Douglas zwar an einen Downtown-Trend der kulturellen Vergewisserung in der Historie an, deutete die Vergangenheit aber weitaus individueller als etwa die Kollegen der Jazz-Klezmer-Fraktion. Da gab es Anklänge an Zigeunerkadenzen (Mark Feldmans Intro zu *Dance In Thy Soul*), an die ungeraden Tanztakte des Balkans (*Facing West*, *Twisted*, *Wild Coffee*), Musette-Walzer (*Bal Masqué*), aber auch modern jazzige Momente wie Herbie Hancocks *Little One*. Die karge, mal varietéhaft, mal kammermusikalisch gedeutete Besetzung von Trompete, Geige, Kontrabass und Akkordeon unterstützte den Eindruck von imaginärer Folklore, wobei Douglas und seine drei Klassik- und Avantgarde-erprobten Mitspieler Gestaltungsklischees geschickt umgingen. So entstand ein Album zwischen den Stilen, das intimste, das der Trompeter bislang aufgenommen hat. Und eines, das in seiner klangästhetischen Konsequenz nur wenig Vergleiche zu fürchten braucht.

Roy Eldridge
And His Little Jazz, Vol. 1

Vogue 74321511412

It Don't Mean A Thing (If It Ain't Got That Swing) / *The Man I Love* (two takes) / *Wrap Your Troubles In Dreams* (two takes) / *Ain't No Flies On Me* / *Undecided* (four takes) / *King David*
Roy Eldridge (tp, voc), Zoot Sims (ts), Dick Hyman (p), Pierre Michelot (b), Eddie Shaughnessy (dr), Anita Love (voc)
Paris, 9. Juni 1950

Wild Driver (two takes) / *If I Had You* / *Nuts* / *Easter Parade* (two takes) / *Goliath Bounce* / *Someone To Watch Over Me*
Roy Eldridge (tp), Gerald Wiggins (p), Pierre Michelot (b), Kenny Clarke (dr)
Paris, 14. Juni 1950

Im Frühjahr 1950 war Roy Eldridge (1911–1989) mit dem Benny Goodman Orchestra in Europa unterwegs und beschloss, in Paris zu bleiben. Denn in seiner amerikanischen Heimat hatte er in der konservativen Nachkriegsära unter der grassierenden Rassendiskriminierung leiden müssen. Die Stadt an der Seine jedoch mit ihren Existenzialisten und Exilanten liebte die Jazzer aus den Staaten. Dort waren sie angesehen und konnten ihren Lebensstil pflegen.

Eldridge befand sich daher in guter Gesellschaft, und als er sich im Juni des Jahres für die französische Firma Vogue ins Studio begab, konnte er auf profilierte Begleiter wie den Tenorsaxofonisten Zoot Sims, den Bassisten Pierre Michelot und den Drummer Kenny Clarke zählen. Auf dem Cover der Platte stand zwar »jouer pour la danse«, doch mit Tanzmusik hatten seine Aufnahmen wenig zu tun. Es waren im Gegenteil souverän swingende, stellenweise soulboppig groovende oder bluesige Songs, die ebenso unterhaltsam wie interpretatorisch anspruchsvoll waren. Dabei spielte Eldridge nicht nur Trompete, sondern er erwies sich im Duett mit Anita Love als versierter Scat-Sänger, der den Stil seines einstigen Vorbildes Louis Armstrong im Geiste Slim Gaillards humorvoll weiterführte. Ansonsten verblüffte er mit einem immens druckvollen und selbst im bis zum hohen Es vollkommen klaren Ton und einer schier unerschöpflichen melodischen Gestaltungskompetenz. Ein *The Man I Love* wurde unter seiner Ägide zum kräftigen, extrovertierten Swing, ein *Wrap Your Troubles In Dreams* zu einer Satchmo-getönten Power-Ballade, wohingegen *Ain't No Flies On Me* mit den Gesangseinlagen zum Partykracher taugte. Die Aufnahmen im Quartett mit Kenny Clarke wiederum dokumentierten seine Kompetenz als Bindeglied zwischen den Stilistiken, indem er High-Note-Blows und eilige Melodieläufe der Bebop-Schule mit dem Ton der New-Orleans-Tradition zu verbinden wusste und in Takes wie *Goliath Bounce* solistisch kaum noch zu bremsen war. Hier spielte sich jemand frei, gelöst von Zwängen der New Yorker Szene und des Amerikas der Segregation. Und doch hatte Eldridge Heimweh. Im April 1951 feierte er ein umjubeltes Comeback mit einem Gastspiel im New Yorker Birdland, zusammen mit Zoot Sims. Norman Granz schickte ihn daraufhin regelmäßig auf die Jazz-at-the-Philharmonic-Tourneen und die zweite Karriere des Roy Eldridge setzte ein. Manchmal muss man sich eben rar machen, um weiterzukommen.

Duke Ellington / Charles Mingus / Max Roach

Money Jungle

Blue Note 538227-2

Very Special / A Little Max (Parfait) / A Little Max (Parfait) (alternate take) / *Fleurette Africaine (African Flower) / Rem Blues / Wig Wise / Switch Blade / Caravan / Money Jungle / Solitude* (alternate take) / *Solitude / Warm Valley / Backward Country Boy Blues*
Duke Ellington (p), Charles Mingus (b), Max Roach (dr)
New York City, Sound Makers, 17. September 1962

Alle drei waren profilierte Komponisten. Charles Mingus (1922–1979) galt spätestens seit »Pithecanthropus Erectus« (1956) als Modernisierer der dem Bebop entwachsenen Klangsprache des modernen Jazz. Max Roach (*1924) hatte eben erst mit »We Insist! Freedom Now Suite« (1960) in eindrucksvoller Weise eine Fusion nordamerikanischer Improvisation mit afrikanischen Motivideen gewagt. Trotzdem stammt keine der Kompositionen von »Money Jungle« aus ihrer Feder. Es war eine diskrete Art, den Respekt vor dem dritten Beteiligten der Aufnahme zu zeigen, indem Duke Ellington (1899–1974) alle Kompositionen der Aufnahmesession beisteuern durfte. Überhaupt war es ein in vieler Hinsicht denkwürdiges Treffen. Zunächst konnte man Ellington nur selten im Trio hören. Darüber hinaus waren die Charaktere der Musiker grundverschieden. Ellington galt als Charmeur und swingender Entertainer alter Schule. Mingus war der dauerkreative Workaholic, sprühend vor Vitalität und unerbittlich im musikalischen Urteil, Roach wiederum der ruhige, intellektuelle Klangarbeiter mit dem besonderen Feingefühl für kommunikative Details. So setzte sich ein All-Star-Trio zusammen, das in der Summe markanter Persönlichkeiten Eigenwilliges produzierte. Das grundlegende Einverständnis bestand darin, die Musik, wenn auch modern, swingen zu lassen. Formal wählte man für die Session viel Blues (*Very Special*, *Rem Blues*, *Backward Country Boy Blues*), veröffentlicht wurden allerdings überwiegend die songorientierten Stücke (*Fleurette Africaine*, *Wig Wise*, *Caravan*, *Money Jungle*, *Solitude*, *Warm Valley*), der Rest blieb im Schrank und wurde erst anlässlich der Edition auf CD wiederentdeckt. Dabei wurden etwa neben dem Bluesfokus mit *A Little Max (Parfait)* auch Themen wie südafrikanische Stiladaptionen (siehe *Fleurette Africaine*, aber auch Roachs »Freedom Now Suite«) kunstvoll weitergesponnen. Überhaupt präsentierte die gesamte Session mehr als noch die LP-Teilausgabe vor allem Ellington als überraschend vielseitigen Pianisten, der mit hartem Anschlag, gezielten Dissonanzen und Monk-verwandten Reduktionen rhythmische Akzente zu setzen und Themen zu entwickeln verstand (*Wig Wise*, *Caravan*), ja sogar experimentelle Passagen (*Money Jungle*) andeutete, dabei aber seine typischen Oktavierungen der Harmonien wie auch die oszillierenden, lautmalerischen Motive (*Switch Blade*) nicht aus den Augen verlor. Roach und vor allem Mingus wiederum setzten dem traditionellen Idiom wie im Titelstück durchaus Widerstand entgegen, ließen die Form insgesamt aber nicht zerfallen. »Money Jungle« ist daher nicht nur ein Dokument einer historischen Kooperation, sondern auch die Rehabilitierung des pianistisch zuweilen zum Big-Band-Begleiter herabgestuften Ellington, der damit seine Bedeutung als Solist auch für den modernen Jazz unterstreichen konnte.

Bill Evans Trio

Portrait In Jazz

Riverside OJCCD 088-2

Come Rain Or Come Shine / Autumn Leaves / Witchcraft / When
I Fall In Love / Perl's Scope / What Is This Thing Called Love? /
Spring Is Here / Someday My Prince Will Come / Blue In Green
(take 3) / *Autumn Leaves* (mono) / *Blue In Green* (take 2)
Bill Evans (p), Scott LaFaro (b), Paul Motian (dr)
New York City, 28. Dezember 1959

Mit »Portrait In Jazz« schaffte es Bill Evans (1929–1980),
als eigenständiger Künstler wahrgenommen zu werden.
Zwar hatte er bereits zwei Alben unter eigenem Namen
veröffentlicht (»New Jazz Conceptions«, 1956; »Everybody Digs Bill Evans«, 1959) und war als harmonisches Fundament des Miles Davis Quintets 1958/59 maßgeblich an
der Hinwendung des Trompeters zur Modalität beteiligt
gewesen. In Spezialistenkreisen galt er deshalb als eine der
kommenden Gestalten des Jazzklaviers, doch die musikalische Visitenkarte stand noch aus. »Portrait In Jazz« war
daher eine kleine Sensation. Zum einen präsentierte sich
Evans als ungemein abwechslungsreicher und keiner der
gängigen Schulen verpflichteter Pianist. Darüber hinaus
hatte er mit Scott LaFaro und Paul Motian ein Trio zu
bieten, das durch stilistische Eigensinnigkeit und verblüf-
fendes Zusammenspiel bestach. LaFaro zum Beispiel verstand seinen Kontrabass gitarristisch und solistisch. Er
entfernte sich weit vom vorherrschenden Walking-Muster,
spielte eher kommentierende als begleitende Linien, ohne
allerdings die Form zu verlassen (ein Jahr später wirkte er
bei Ornette Colemans legendärer »Free Jazz«-Session mit,
fühlte sich aber nach eigenen Angaben mit der völligen
Freiheit nicht wohl). Motian wiederum verweigerte sich
mit stoischer Ruhe dem Virtuosentum und verstand es,

nur das Allernötigste zu spielen, bis hin zu den für ihn typischen Stops in *What Is This Thing Called Love?*, die den Swing nicht bremsten, sondern förderten. Die drei hatten sich im Sommer 1959 zusammengefunden und waren nach einigen musikalischen Reibereien zu einem Trio neuen Typs gereift, das allen Beteiligten gleiche Rechte an der Gestaltung zubilligte. Und Evans selbst erwies sich als harmonisch, dynamisch und rhythmisch für seine Zeit maßgebend. Breit setzte er Substitutakkorde, Nebenharmonien und Fächerungen über beide Hände ein, ungewöhnlich. Die dynamische Feindifferenzierung bis in die unterschiedlich stark angeschlagenen Töne innerhalb eines Akkords in *When I Fall In Love* wiesen ihn als Meister der Ballade aus. Und die rhythmische Unabhängigkeit, mit der er innerhalb der Form in *Someday My Prince Will Come* verschiedene metrische Assoziationen verknüpfte, war schlicht atemberaubend. So ist »Portrait In Jazz« ein Musterbeispiel für Zusammenspiel und eines der wenigen Dokumente eines großen Jazztrios, das durch den Unfalltod von Scott LaFaro im Juli 1961 jäh auseinandergerissen wurde.

The Gil Evans Orchestra
Out Of The Cool

Impulse! IMP 11862

La Nevada / Where Flamingos Fly / Bilbao Song / Stratusphunk / Sunken Treasure / Sister Sadie
Gil Evans (p), Johnny Coles, Phil Sunkel (tp), Keg Johnson, Jimmy Knepper (tb), Tony Studd (b-tb), Bill Barber (tuba), Ray Beckenstein (as, fl, pic-fl, # 1,3), Eddie Caine (as, fl, pic-fl, # 2, 4–6), Budd Johnson (ts, ss), Bob Tricarico (fagott, fl, pic-fl), Ray

Crawford (g), Ron Carter (b), Charlie Persip, Elvin Jones (dr, perc)
Englewood Cliffs, New Jersey, 18./30. November 1960 (# 2, 4–6), 10./15. Dezember 1960 (# 1,3)

Gil Evans (1912–1988) war der nach Duke Ellington folgenreichste Arrangeur des Jazz. Im Unterschied zu den Swing- und Bebop-Vorgängern stand für ihn nicht der Beat im Vordergrund, sondern die Klangfarbe. Das führte dazu, dass er die Instrumentierung seiner Big Bands veränderte, unübliche oder unüblich eingesetzte Instrumente wie Tuba, Fagott, Piccolo-Flöte integrierte und auf diese Weise überraschende Schattierungen und atmosphärische Wirkungen erzielen konnte. Evans war einer der Väter des Cool Jazz, die von ihm initiierte Capitol Band mit Miles Davis gab dem Stil ihren Namen (»Birth Of The Cool«, 1948) und die späteren Alben mit dem Trompeter (»Miles Ahead«, 1957; »Porgy And Bess«, 1958; »Sketches Of Spain«, 1960) übertrugen nicht nur das Prinzip der Modalität auf die Big Band, sondern festigten auch Evans' Ruf als innovativer Tonsetzer mit dem besonderen Gespür für harmonierende Klangästhetik. »Out Of The Cool« nun entstand wenige Monate, nachdem die berühmten »Sketches«-Aufnahmen beendet waren. Evans hatte nach einer Besetzung gesucht, die ohne den Starsolisten am bisherigen Konzept weiterlaborieren konnte. Die Bläser waren kontrastreich besetzt, den mächtigen tiefen Lagen (Tuba, Bass-Posaune, Fagott) wurden ebenfalls mehrfach ausgestattete Flöten gegenübergestellt. Das Klavier blieb im Hintergrund – Evans war damals noch kein besonderer Solist. Ansonsten versuchte er ebenso wie im Sound in der klangdramaturgischen Gestaltung die Prinzipien Arrangement und Improvisation sich ergänzen zu lassen. *La Nevada* etwa war ein sich langsam steigerndes Erzählgebilde über einem ostinaten, zwischen Dur und Moll changierenden G, das mit verhaltener Latin-Charakteristik John

Coles, Tony Studd, Budd Johnson, Ron Carter und Ray
Crawford die Möglichkeit gab, sich gepflegt auszutoben.
Die Ballade *Where Flamingos Fly* stellte Jimmy Kneppers
Posaune in den Mittelpunkt, Kurt Weills *Bilbao Song* fungierte als Harmonieexperiment für Evans' Variationstech-
nik, der Blues *Stratusphunk* von George Russell spielt mit
dessen lydischem Harmoniekonzept, und *Sunken Treasure*
war eine fragile Trompetenballade auf tiefstimmigen Po-
saunenlinien. Lediglich das nicht auf dem Originalalbum
erschienene, aber bei derselben Session entstandene *Sister
Sadie* passte mit seiner Bop-Ästhetik nicht ganz ins Ge-
samtbild, auch wenn die Setzungen der Bläser kaum noch
etwas mit Horace Silvers harmlosem, groovebetontem
Original zu tun hatten. »Out Of The Cool« war daher ein
klares Statement, wohin Evans nach Miles Davis gelangen
wollte: zu noch feinerer, trotzdem bodenständiger Klang-
wirkung und zu mehr Leben jenseits der Kühle. Sein fol-
gendes Album hieß prompt »Into The Hot« (1961).

Art Farmer & Benny Golson

Meet The Jazztet

Chess/MCA CHD-91550

*Serenata / It Ain't Necessarily So / Avalon / I Remember Clifford /
Blues March / It's Alright With Me / Park Avenue Petite / Mox
Nix / Easy Living / Killer Joe*
Art Farmer (tp), Curtis Fuller (tb), Benny Golson (ts), McCoy
Tyner (p), Addison Farmer (b), Lex Humphries (dr)
Chicago, 6./9./10. Februar 1960

Das Jazztet hatte einen schlechten Start. Als es für sein
Debüt am 17. November 1959 im New Yorker Five Spot
gebucht wurde, spielte am gleichen Abend Ornette Cole-

man mit seinem Quartett. Die Kritik stürzte sich auf den schrägen Innovator des Jazz, und die neben Art Blakeys Jazz Messengers und dem Horace Silver Quintet beste Hardbop-Combo ihrer Zeit wurde als alter Hut abgetan. Dabei hatte es das brandneue Sextett wirklich in sich. Die Bläser-Sektion bestand mit Benny Golson, Art Farmer und Curtis Fuller aus drei noch jungen, aber bereits über Engagements bei Blakey, Dizzy Gillespie, John Coltrane oder Miles Davis hinreichend qualifizierten Instrumentalisten. Am Klavier saß Coltranes Pianist in spe McCoy Tyner, den Bass zupfte Farmers Zwillingsbruder Addison und am Schlagzeug trommelte Lex Humphries, der kurz zuvor noch mit Chet Baker unterwegs gewesen war. Immerhin, die Musiker ließen sich durch die maue Reaktion in New York wenig beeindrucken und gingen zwei Monate später in Chicago ins Studio, um »Meet The Jazztet« aufzunehmen. Es sollte die klassische Platte der bis 1962 bestehenden Formation werden, denn bald danach mussten nach dem Ausscheiden Fullers und Tyners zwei zentrale Plätze neu besetzt werden. Mit welcher Spannkraft und stilistischen Breite die Musiker zu agieren fähig waren, zeigte schon der Einstieg *Serenata*, ein 6/8-Thema, das für die Chorusse in 1/4 abgewandelt wurde und zunächst Golson, dann Farmer die Möglichkeit gab, im Up-Tempo durch die Skalen zu jagen. Die Gershwin-Adaption *It Ain't Necessarily So* knüpfte in Groove und Charakter an die zwei Jahre zuvor entstandene Davis/Evans-Aufnahme an, deutete sie aber wesentlich präsenter und dem Blues-Feeling nahe. Darüber hinaus stimmte das Jazztet vier Golson-Kompositionen an, *I Remember Clifford*, die Hommage an den Trompeter Clifford Brown, die dunkle Ballade *Park Avenue Petite*, den treibenden *Blues March*, den Blakey später fest ins Repertoire übernahm, und den ultracoolen *Killer Joe*, der hier in seiner maßgeblichen Einspielung erschien. Golson empfahl sich als wuchtiger Tenorist voller melodischer Einfälle, der 25-jährige Fuller demonstrierte, dass er sein Vorbild J. J. Johnson an Geläufigkeit bereits überholt hatte und mit dessen Witz durchaus mithalten konnte (*It's Alright With Me*), und Farmer präsentierte sich mit oder ohne Dämpfer als großer Lyriker und Solist mit vokalnahem Ton. So ist »Meet The Jazztet« eine von diesen Platten, die berühmt geworden wären, wenn nicht Kollegen wie Coltrane und Coleman die Szene dominiert hätten.

Ella Fitzgerald

Take Love Easy

Pablo 2310 702

Take Love Easy / Once I Loved / Don't Be That Way / You're Blase / Lush Life / A Foggy Day / Gee Baby, Ain't I Good To You / You Go To My Head / I Want To Talk About You
Ella Fitzgerald (voc), Joe Pass (p)
1973, Ort und genaues Datum unbekannt

Im Jahr 1975 bekam Ella Fitzgerald (1918–1996) für »Take Love Easy« als ›Sängerin des Jahres‹ den Deutschen Schallplattenpreis verliehen. In der Begründung der Juroren der Deutschen Phonoakademie konnte man lesen: »Was Ella Fitzgerald mit dieser Aufnahme leistet, hat zur Zeit nicht seinesgleichen. So vollkommen, so über ihrem eigenen Können stehend, hörte man sie in den vergangenen Jahren selten.« Tatsächlich war das Duo mit dem Gitarristen Joe Pass Herausforderung und Wagnis zugleich. Die Grande Dame des Swings, seit den Zeiten bei Chick Webb (1935–42), spätestens aber seit ihren ungewöhnlichen Scat-Vokalisen der mittleren Bebop-Phase sowohl als Entertainerin wie als virtuose Solistin bekannt, verzichtete diesmal auf jeglichen Pomp. »Take Love Easy« sollte die andere, balladeske Seite der Sängerin hervorheben und schuf eines der Meisterwerke des Kammerjazz. Selbst Gassenhauer wie Gershwins *A Foggy Day* und Goodmans *Don't Be That Way* erschienen mit einem Mal wie eben erst ersonnen, und das lag an der uneitlen, reduzierten und organisch wirkenden Interpretation der Standards. Pass schaffte es, durch Arpeggiatur und Zerlegung der Harmonien einen Prozess der Entstehung an der Gitarre zu suggerieren, den er mit seiner eigenen klassisch inspirierten Gestaltungskraft ergänzte. Fitzgerald wiederum nützte den ungewöhnlichen Platz der kargen Arrangements, um jenseits der publikumswirksamen Virtuosität an jeder farblichen, emotionalen und textlichen Nuance zu arbeiten. Volumenreich, mit intensivem Vibrato, makelloser Intonation selbst bei rauen Bluesscreams (*Gee Baby, Ain't I Good To You*) und bombensicherem Timing (*You Go To My Head*) unterstreicht Fitzgerald ihren Rang als eine der begnadeten Interpretinnen des Jazz. Und in der Gemeinsamkeit gelingt dem Duo das Kunststück, sowohl innerhalb der Songs wie über die komplette Distanz des Albums eine klischeefreie, faszinierende Spannung zu erzeugen, die kein Weghören zulässt. Schon allein diese Eigenschaft weist »Take Love Easy« eine besondere Stellung in Ella Fitzgeralds kaum zu überblickendem Schallplattenœuvre zu.

Richard Galliano
New York Tango

Dreyfus Jazz FDM 36 581.2

Vuelvo Al Sur / Soleil / New York Tango / Ten Years Ago / Fou Rire / Sertao / A L'Encre Rouge / Blue Day / Perle / To Django / Three Views Of A Secret
Richard Galliano (acc), Bireli Lagrène (g), George Mraz (b), Al Foster (dr)
New York, Clinton Recording Studios, 11.–13. Juni 1996

Streng genommen beginnt die Geschichte von »New York Tango« in den Fünfzigern. Damals machte sich Astor Piazzolla nach einem Ratschlag seiner Lehrerin Nadia Boulanger daran, die eigenen musikalischen Wurzeln zu suchen und den Tango zu reformieren. Anfang der achtziger Jahre wiederum, als der Bandoneon-Virtuose im Pariser Exil lebte, gab er denselben Gedanken an seinen Schüler und Bewunderer Richard Galliano (*1950) weiter. Der Akkordeonist aus Cannes hielt sich daran und erforschte für sich neben Tango und Jazz die Welt der Musette. Als zu Beginn der Neunziger die Stimmung für Jazz aus Europa zunehmend besser wurde, hatte er bereits ein festes Konzept der »New Musette« entwickelt, das er in verschiedenen Formationen ausdeutete. Dabei fiel »New York Tango« in mancher Hinsicht aus dem Rahmen. Die Besetzung vereinte mit George Mraz am Kontrabass und Al Foster am Schlagzeug zwei dem Modern Jazz entwachsene Musiker der amerikanischen Szene mit dem Gypsy-Swing-Gitarristen Bireli Lagrene und Gallianos Akkordeon. Das Resultat war eine bunte Mischung stilistischer Einflüsse, die von brasilianischen Elementen über Tango Nuevo und Post Bop bis zu südfranzösischen Impressionen reichte. Neun der elf Kompositionen stammten vom Bandleader, der mit seinem Instrument zwar den Ton angab, die Musik aber nicht dominierte. Deutlich wurde das zum Beispiel an *Fou Rire*: Das Thema ist ein Musette-Walzer, der in der Durchführung unmerklich in einen ⁴/₄-Rhythmus übergeht und die mäandrierenden Linien des Knopfakkordeons mit dem Swing der drei anderen Beteiligten kombiniert. *Sertao* ist eine Komposition brasilianischer Prägung mit Stilverweisen zu Egberto Gismonti, *Soleil* eine Ballade nach einem Gedicht von Jacques Prévert mit einem leichtfingrig boppenden Solo Lagrenes, *Vuelvo Al Sur* die unvermeidliche Hommage an Piazzolla, *To Django* das Pendant für Django Reinhardt. Insgesamt ist »New York Tango« ein Beispiel für kollektive Musikalität, die mühelos kulturelle Traditionen Europas und Amerikas vereint.

Jan Garbarek / Egberto Gismonti / Charlie Haden

Folk Songs

ECM 1170

Folk Song / Bôdas De Prata / Cego Aderaldo / Veien / Equilibrista / For Turiya
Jan Garbarek (ts, ss), Egberto Gismonti (8-string guitar, super 8 guitar, p), Charlie Haden (b)
Oslo, Talent Studios, November 1979

Nachdem in den Sechzigern von den Musikern mit den Konventionen von Form und Überlieferung gebrochen worden war, stellten sich die siebziger Jahre als eigentliche Ära der Experimente dar. Zu den entscheidenden inhaltlichen Veränderungen gehörte die Rückbesinnung der Musiker auf die jeweiligen regionalen Wurzeln improvisierender Musik. »Folk Songs« war daher ein in mancher Hin-

sicht programmatisches Album. Schon der Titel nahm Bezug auf den Begriff der Folklore, als imaginäre wie tatsäch-
liche Referenz. Die drei Musiker wiederum verkörperten
jeder für sich einen individuellen und zugleich typischen
Weg der künstlerischen Stilsuche. Jan Garbarek (* 1947)
war als Teenager der traditionellen Osloer Szene entwachsen, hatte versucht, das Hymnische des Free Jazz am Saxofon zu sublimieren, und war an der Seite von Keith Jarrett mehrfach ausgezeichnet worden. Egberto Gismonti
(* 1947) zählte zu den innovativsten Instrumentalisten Bra-
siliens, ein Nachfolger von Heitor Villa-Lobos an der Gitarre und pointillistischer Stilist am Klavier. Charlie Haden
(* 1937) entstammte der Country-Tradition, war im Um-
feld von Ornette Coleman sozialisiert worden und hatte
über diverse Avantgardeprojekte den Weg in den Kammerjazz gefunden. Alle drei brachen ihre Spezialitäten mit:
Garbarek den vokalnahen, klaren und elegischen Sound vor
allem am Sopransaxofon, Gismonti die mäandrierende Art
zu komponieren und rhythmische Muster zu gestalten, Haden die sonore Tiefe und gelassene Art zu phrasieren und
Motive zu konterkarieren. So wurde »Folk Songs« ein ele-
gisches Album mit Ausblicken nach vielen Richtungen, das
durch die Harmonie der drei unterschiedlichen Charaktere
seine Kraft bekam. Der atmosphärisch zwischen Nähe und
Ferne changierende *Folk Song*, das vom symbiotischen Puls
von Gismontis Klavier und Hadens oszillierenden Bassfi-
guren zusammengehaltene *Bôdas De Prata*, das rhythmisch
aufbrausende, vom brasilianischen Frevo-Rhythmus geprägte *Cego Aderaldo*, die klassisch anmutende Meditation
Veien, die mit Wiederholungsmustern spielende Widmung
an Steve Reich *Equilibrista* und die im Grunde Country-
folk-inspirierte Ballade *For Turiya* ergaben ein in sich homogen wirkendes Klanggebilde, das durch seine Schlicht-
heit und subtile Kommunikation überzeugte. Die Musiker
jedenfalls empfanden das ebenso. Im Anschluss an das Album spielten sie bis 1983 gemeinsam zahlreiche Konzerte.

Erroll Garner

Concert By The Sea

CBS 451042 2

I'll Remember April / Teach Me Tonight / Mambo Carmel / Autumn Leaves / It's All Right With Me / Red Top / April In Paris / They Can't Take That Away From Me / How Could You Do A Thing Like That To Me / Where Or When / Erroll's Theme
Erroll Garner (p), Eddie Calhoun (b), Denzil Best (dr)
Carmel, California, 19. September 1955

Beinahe wäre »Concert By The Sea« nicht veröffentlicht worden. Als Erroll Garners (1921–1977) Managerin Martha Glaser beim zuständigen Chef der Columbia George Avakian vorstellig wurde, um ihm die Aufnahmen des Konzerts im kalifornischen Carmel vorzustellen, rümpfte dieser erst einmal die Nase. Denn die Tonqualität war mäßig, das Band rauschte beträchtlich, und auch die Nebengeräusche aus dem Publikum und das gelegentliche Summen Garners während seiner Soli störten beim ersten Hören erheblich. Doch die künstlerische Qualität des Abends sprach für sich. Selten zuvor hatte der Pianist aus Los Angeles ähnlich entspannt geklungen. Er spielte aus dem Handgelenk die abenteuerlichsten Akkordpassagen und schien darüber hinaus Art Tatum im Stride-Piano-Stil beerben zu wollen. Avakian ließ sich überzeugen, veröffentlichte »Concert By The Sea« und lancierte damit eines der meistverkauften Alben des Jazz überhaupt, das im Laufe der Jahre weit über eine Million Mal über den Ladentisch ging. Die Popularität der Aufnahme grenzte schon bald ans Irrationale, denn genau genommen hatte Garner nichts Revolutionäres gemacht. Das Repertoire bestand aus Standards, zum Teil richtigen Gassenhauern wie *Autumn Leaves* oder Gershwins *They Can't Take That Away From Me*. Besondere Show wurde nicht gebo-

ten, Ansagen während des Sets fehlten völlig. Doch darum
ging es nicht. Das Album strahlte etwas Magisches aus,
eine Atmosphäre zufälliger glücklicher Momente, die einen Künstler zu Sternstunden inspirieren können. Tatsächlich fand Garner gute Bedingungen vor. Die Land-
schaft der kalifornischen Küste war stimmungsvoll, die
Akustik des zum Konzertsaal umgebauten Kirchenraumes
ausgewogen, und das Publikum empfing seinen Helden
mit viel Sympathie. Eddie Calhoun und Denzil Best erwiesen sich als relaxed und spielten wirklich nur das Nö-
tigste, um den Swing zu unterstützen. So konnte der Autodidakt Garner seiner musikalischen Inspiration freien
Lauf lassen. *I'll Remember April* eröffnete er sperrig mit
harten Oktaven, um dann in einen flüssig laufenden
Stride-Groove zu münden, den er immer wieder mit
mächtigen, gegenrhythmischen Akkordausbrüchen kon-
terkarierte. Derartig aufgewärmt wurde er mit jedem
Stück ausgelassener. *Autumn Leaves* zum Beispiel wurde
zur romantisch-impressionistisch arpeggierten, mit vielen
Akkordläufen und Harmonisierungen verzierten Ballade,
Red Top zum humorvoll sich durch die Vorlagen von Fats
Waller über Duke Ellington bis Count Basie zitierenden
Swing Blues, rhythmisch bis an die Grenzen des Laid-
Back-Playings gedehnt. Ein Stück nach dem anderen
wuchs über sich hinaus, die Stimmung ballte sich zur
Euphorie und so wurde das »Concert By The Sea« zum
Idealtypus eines gelungenen Jazzabends.

Stan Getz

Focus

Verve 521 419-2

I'm Late, I'm Late / Her / Pan / I Remember When / Night Rider / Once Upon A Time / A Summer Afternoon / I'm Late, I'm Late (45 rpm issue) / *I Remember When* (45 rpm issue)

Stan Getz (ts), Alan Martin, Gerald Tarack, Norman Carr, übrige unbekannt (v), Jacob Glick, übrige unbekannt (vla), Bruce Rodgers, übrige unbekannt (cello), unbekannt (p), wahrscheinlich John Neves (b), Roy Haynes (dr, # 1/8), unbekannt (dr, # 6), Eddie Sauter (arr), Hershy Kay (cond)

New York City, wahrscheinlich Webster Hall, 14. Juli 1961 (# 1–3), 28. Juli 1961 (Orchesterparts 4–6, 7, 9), restliche Saxofonpassagen im September und Oktober 1961 an unbekanntem Ort

Eines der Zauberworte im Jazz der fünfziger Jahre hieß »Third Stream«. Im Bedürfnis, sich gegenüber der Klassik als hohe Kunst zu legitimieren, versuchten angesehene Szenegrößen wie John Lewis oder Gunther Schuller neben Komposition und Improvisation einen dritten Mittelweg der Gestaltung zu proklamieren. Jazz wurde notiert, mit Orchestern gespielt, doch das eigentliche Ziel einer symbiotischen Existenz der beiden Lager verfehlt. Mit wenigen Ausnahmen. Eine davon heißt »Focus« und ist eines der ungewöhnlichsten Jazzalben überhaupt. Zur Vorgeschichte: Mitte der Fünfziger war der Tenorsaxofonist Stan Getz (1927–1991) vom Arrangeur und Benny-Goodman-Veteranen Eddie Sauter für eine Tournee mit dessen Sauter/Finegan-Orchester gebucht worden. Die Zusammenarbeit verlief zufriedenstellend, man trennte sich mit dem Hinweis, mal wieder etwas gemeinsam zu machen. Im Jahr 1961 nun kam Sauter erneut auf Getz zu, diesmal mit einer ungewöhnlichen Idee. Er wollte einen Streichersatz ausschreiben und der Saxofonist sollte spontan darüber improvisieren. Das

klang nach Herausforderung und das Projekt wurde an-
gegangen. Für den Streicherpart wurde das Beaux Arts
Quartett gewonnen und um einige Orchestermusiker ergänzt. Wie die Aufnahmen dann genau verliefen, ist inzwischen aufgrund widersprüchlicher Erinnerungen der
Beteiligten kaum noch zu rekonstruieren, ebenso wenig
das genaue Line-up der Sessions. Wahrscheinlich hat
Getz mit Ausnahme von *I'm Late, I'm Late* das meiste
über die vorhandenen Bänder der Streicher improvisiert.
Für das Resultat ist das nebensächlich. »Focus« klingt in
erstaunlicher Weise organisch. Die vibratolosen Linien
des Saxofons schmiegen sich an die Streicherbasis an, ergänzen sie, nehmen Themen auf und führen sie variie-
rend fort. Getz gelingt das Kunststück, mit einem ferti-
gen Klangkorpus zu kommunizieren und den Eindruck
zu erwecken, die Musik entstehe komplett aus dem Au-
genblick heraus. Vor allem das flirrende, rhythmisch vertrackte *I'm Late, I'm Late*, für das ihm sein damaliger
Bandschlagzeuger Roy Haynes zur Seite stand, verblüffte
die Skeptiker und gab der Diskussion um die Produktivität des Third Stream neue Nahrung. Im Abstand von
mehr als vier Jahrzehnten jedenfalls gilt »Focus« als die
wahrscheinlich beste, mit Sicherheit eigenwilligste Platte,
die Getz aufgenommen hat.

Stan Getz / João Gilberto

Getz – Gilberto feat. Antonio Carlos Jobim

Polydor 521414-2

*The Girl From Ipanema / Doralice / Para Machucar Meu Cora-
ção / Desafinado / Cocovado / So Danco Samba / O Grande
Amor / Vivo Sohando*

Stan Getz (ts), Antonio Carlos Jobim (p), João Gilberto (g, voc),
  Tommy Williams (b), Milton Banana (dr), Astrud Gilberto (voc)
New York City, 18./19. März 1963

Jetzt war Tempo gefragt, denn es gab etwas zu verdienen.
Zur Vorgeschichte: Im Jahr 1959 veröffentlichte der Gitarrist João Gilberto (* 1934) in Brasilien sein Album »Chega
de Saudade«, unter anderem mit Kompositionen von Antonio Carlos Jobim (1927–94). Es galt gemeinhin als Startpunkt der Bossa-Nova-Welle. Im gleichen Jahr wurde der
Film »Orfeu Negro« bei den Festspielen in Cannes mit
Lob überhäuft und machte nicht nur Bilder von brasilianischen Stränden, sondern auch den smarten Sound der jungen Generation populär. Schließlich hatten 1962 Charlie
Byrd und Stan Getz auch noch mit »Jazz Samba« einen
Hit gelandet, der weit über die Nische hinaus Hunderttausende Langspielplatten verkaufte. Ein Bedürfnis war
geschaffen worden und »Getz – Gilberto« befriedigte den
Hunger nach sanften, partytauglichen Bossa-Melodien.
Das Rezept war einfach: Man nahm einen amerikanischen
Star mit schmusig emotionstrunkenen Saxofonlinien, den
renommiertesten Gitarristen der neuen Ethnowelle, den
Urheber der meisten grandiosen Kompositionen des Modetrends und brachte sie alle auf einer Platte unter. Fertig
war das Kult-Album der internationalen Intellektuellen,
das zur amerikanischen Garden Party ebenso passte wie
zum Existenzialistenzirkel in Paris. Dabei spielten die
Musiker kaum mehr als das, was sie bereits seit Jahren
machten. Getz dudelte elegant die Harmoniebögen entlang, Gilberto glänzte durch seine markante, verschiedene
Rhythmen kombinierende Begleittechnik und den dazu
im Kontrast stehenden getragenen Gesang, Jobim drückte
am Klavier ausgewählte, aber kaum merkliche Akkorde.
Sogar Joãos Frau Astrud durfte mit ausgesuchter Langeweile ein wenig mitträllern, so dass schließlich ein eher
durchschnittliches Album entstand, das keinen der Betei

ligten wirklich in Höchstform präsentierte. Es half nichts.
»Getz – Gilberto« galt bald als Klassiker des Genres. Die
Interpretationen von *The Girl From Ipanema*, *Desafinado*,
Corcovado und *So Danco Samba* wurden zum Vorbild des
Stilverständnisses und prägten die Bossa-Nova-Rezeption
über Jahrzehnte hinweg.

Dizzy Gillespie & United Nation Orchestra

Live At The Royal Festival Hall

Enja 6044-2

Tin Tin Deo / *Seresta – Samba For Carmen* / *And Then She Stopped* /
Tanga / *Kush* / *Dizzy Shells* / *A Night In Tunesia*
Dizzy Gillespie, Arturo Sandoval, Claudio Roditi (tp), Slide
  Hampton (tb), Steve Turre (b-tb, shells), Paquito D'Rivera (as,
  cl), James Moody (as, ts, fl), Mario Rivera (ts, ss), Flora Purim
  (voc), Danilo Perez (p), Ed Cherry (g), John Lee (b), Ignacio
  Berroa (dr), Airto Moreira, Giovanni Hidalgo (perc)
London, Royal Festival Hall, 10. Juni 1989

Bebop hin, Cubop her, das United Nation Orchestra war
das beste Ensemble, das Dizzy Gillespie (1917–1993) je
hatte. Und es transportierte genau den Geist, der dem
Trompeter wichtig war. »Jazz zelebriert die Internationali-
tät der Musik durch unsere gemeinsame Sprache, unsere
gemeinsame Band«, meinte er in den Liner Notes zu
»Live At The Royal Festival Hall«, eine Art persönliches
Credo, das ihn seit den Anfängen in den späten Dreißigern begleitete. Mit drei Kubanern, drei Brasilianern, jeweils einem Musiker aus Panama, Puerto Rico, der Domi-
nikanischen Republik und sechs Amerikanern unterschiedlicher Herkunft, von denen insgesamt zehn selbst

als Bandleader fungierten, hatte er 1988 eine Big Band zusammengestellt, die ihren Namen wirklich verdiente. Das Londoner Konzert stand dabei am Ende einer umfangreichen Europatour mit 18 Konzerten in elf Ländern an 21 Tagen. Die Stimmung der Dernière war ausgelassen, wie überhaupt das Konzert als ein Konzentrat der Ideen erschien, die Gillespie sein Leben lang verkörperte. Musiker wie James Moody spielten bereits in seiner ersten wichtigen Big Band 1946, Talente wie Danilo Perez standen ganz am Anfang ihrer Karriere. Tradition traf auf Innovation, Klassiker des Repertoires wie *Tin Tin Deo*, *Kush* und *A Night In Tunesia* verbanden sich mit exotischen Ergänzungen wie dem peruanischen Walzer *Seresta* oder Steve Turres außergewöhnlichem Solo auf zwei Seemuscheln in *Dizzy Shells*. Verschiedene Trompetenschulen prallten aufeinander, Gillespies afroamerikanischer Bebop, Sandovals kubanische Salsa-High-Notes und Roditis südamerikanisch-melodisch geprägte Linienführung. Die umfangreich besetzte Rhythmusgruppe mit zwei Perkussionisten, Gitarre, Klavier, Bass und Schlagzeug war in der Lage, polyrhythmisch komplexe Passagen souverän mit Latin-Entertainment zu verbinden, harmonierte am Ende der intensiven Tournee perfekt mit den Solisten, sowohl in Bezug auf Arrangementdetails wie auf Dynamikspitzen, spontane Modifikationen von Formelementen oder der Kommunikation während der Improvisationen. Die Latin-Power-Version von *A Night In Tunesia* schaffte es sogar, zum bereits stilbildenden Original der Mittvierziger noch einmal ein die folgenden Interpretationen prägendes Arrangement zu präsentieren. Am Ende des Konzertes gab es zehn Minuten stehende Ovationen und der 72-jährige Ahnherr der Jazz-Moderne konnte sicher sein, mit seiner Combo einen Klassiker geschaffen zu haben. Dieser Meinung war dann auch die Grammy-Jury, die das Album 1991 (Best Large Jazz Ensemble Performance) auszeichnete.

The Jimmy Giuffre 3

The Easy Way

Verve 065 508-2

The Easy Way / Mack The Knife / Come Raine Or Come Shine /
Careful / Ray's Time / A Dream / Off Center / Montage / Time
Enough
Jimmy Giuffre (cl, ts), Jim Hall (g), Ray Brown (b)
Chicago, Universal Studios, 7. August 1959

Jimmy Giuffre (*1921) verstand sein Bläserdasein als
Kunst, nicht als Kampf. Er wollte gehört werden und
zwar nicht im Wettstreit mit der Rhythmusgruppe, sondern als eigenständige musikalische Kraft, die auch in den
Nuancen und tiefen Lagen der Klarinette und des Tenorsaxofons präsent war. Der erste konzeptionelle Schritt in
diese Richtung war, dass er den Bläsersatz besonders
kraftvoll und virtuos ausschrieb. Das war die Zeit, als
Giuffre mit der zunächst selbständigen Saxofongruppe
Four Brothers, der unter anderem auch Stan Getz ange-
hörte, sich der Second Herd von Woody Herman an-
schloss und dessen schmissigen Big-Band-Sound Ende der
Vierziger nachhaltig prägte. Die zweite Phase bestand
nach verschiedenen komplexen Kompositionswerken in
der Reduktion der Mittel, vor allem der Instrumentierung.
In diesem Zusammenhang wurde seine Jimmy Giuffre 3
wichtig, mit der er Ende der Fünfziger manches vorwegnahm, was der Free Jazz der Sechziger und der Kammerjazz der Siebziger erst noch entdecken würde. »The Easy
Way« verzichtete daher konsequent auf das Schlagzeug
und damit auf einen vorherrschenden Beat als Gliede-
rungskriterium. Der Puls der Musik musste sich aus dem
Zusammenspiel von Giuffre, dem Gitarristen Jim Hall
und dem Bassisten Ray Brown ergeben, wobei die Vorgaben im Studio so knapp wie möglich waren. Lediglich

zwei Standards standen auf dem Programm, *Mack The Knife* und *Come Raine Or Come Shine*, die übrigen Nummern reichten in der Charakteristik von Swing-fundierten, durch punktuelle Dissonanzen und aufwändiges Arrangement verfremdete Kompositionen in Songform (*Careful*) über einen kontrapunktisch akzentuierten Walking Blues mit bewusst narrativem Bass-Solo (*Ray's Time*) bis hin zu einer klassisch anmutenden Klarinetten-Miniatur (*A Dream*). Manches flog dem Trio motivisch im Studio nur so zu (*The Easy Way*), anderes war mal ein harmonisch ausgebufftes Harmonieexperiment (*Off Center*) oder näherte sich meditativ dem freien Fluss der Eingebung (*Montage*). Halls Gespür für die verhaltene Dissonanz, die färbte, aber nicht schockte, und Browns bei aller Freiheit verlässlicher Rhythmus in Union mit Giuffres zurückgenommener Artistik sowohl an der Klarinette wie am Tenorsaxofon mit Fokus auf der Tonentwicklung sorgten dafür, dass »The Easy Way« ein großartiges und zugleich intimes Album wurde, das die Kehrseite des jazzenden Mainstreams abbildete.

Benny Goodman

At Carnegie Hall 1938 (Complete)

CBS C2K 65143

CD 1: *Don't Be That Way / Sometimes I'm Happy / One O'Clock Jump / Sensation Rag / I'm Coming Virginia / When My Baby Smiles At Me / Shine / Blue Reverie / Live Goes To A Party / Honeysuckle Rose / Body And Soul / Avalon / The Man I Love / I Got Rhythm*

CD 2: *Blue Skies / Loch Lomond / Blue Room / Swingtime In The Rockies / Bei Mir Bist Du Schoen / China Boy / Stompin' At*

*The Savoy / Dizzy Spells / Sing Sing Sing (With A Swing) / If
Dreams Come True / Big John's Special / Bonus: Benny Good-
man 1950 Tune-By-Tune Introductions* (nine takes)
Fünf verschiedene Besetzungen: Benny Goodman And His Or-
chestra, Benny Goodman Trio, Benny Goodman Quartet, Jam
Sessions, History Of Jazz Ensemble u. a. mit Buck Clayton,
Harry James (tp), Red Ballard, Vernon Brown (tb), Lester
Young (ts), Johnny Hodges (as, ss), Benny Goodman (cl), Fred-
die Green (g), Teddy Wilson, Jess Stacy, Count Basie (p), Lionel
Hampton (vib), Martha Tilton (voc), Harry Goodman, Walter
Page (b), Gene Krupa (dr)
New York, Carnegie Hall, 16. Januar 1938

Es war ein Wagnis. Zwar gab es seit den zwanziger Jahren
in der Carnegie Hall bereits jazzähnliche Konzerte, die der
selbsternannte »King Of Jazz« Paul Whiteman dort ver-
anstaltete. Doch dabei handelte es sich eher um sinfoni-
sche Adaptionen bekannter Melodien als um wirklich improvisierte Musik. Der Klarinettist Benny Goodman
(1909–1986) hatte jedoch anderes im Sinn. Seit Mitte der
Dreißiger hatte sich sein Orchester in rasantem Tempo zu
einem der beliebtesten (weißen) Ensembles der Swing-Ära
emporgespielt. Der Jazz überhaupt war aus dem Nischen-
dasein der Nachtclubs in den Mittelpunkt der musikalischen Unterhaltungskultur getreten und so fand Goodman
es an der Zeit, ihn auch in einem neuen Rahmen zu präsentieren. Die Carnegie Hall schien als Musentempel der klassisch orientierten Bürgerlichkeit dafür der passende Ort zu
sein. Um Kritik vorzubeugen, stellte Goodman ein buntes
Programm mit wechselnden Besetzungen zusammen. Da
war zum einen sein Orchester, das das Konzert mit drei
Klassikern des Repertoires eröffnete. Es folgte ein historischer Exkurs mit fünf Liedern in kleineren, wechselnden
Besetzungen unter dem Titel »Twenty Years Of Jazz«, der
mit Ellingtons *Blue Reverie* endete. Für *Live Goes To A
Party* kam das Orchester zurück als Überleitung zur Jam
Session, ein 16-minütiges *Honeysuckle Rose*, für das Good-

man unter anderem Count Basie, Lester Young und Johnny Hodges auf die Bühne holte. Danach waren sein Trio mit Wilson und Krupa und, eine Sensation für damalige segregierte Verhältnisse, sein Quartett mit dem schwarzen Vibrafonisten Lionel Hampton an der Reihe. Nach der Pause ging es weiter mit Orchester, bei *Loch Lomond* und *Bei Mir Bist Du Schoen* durch die populäre Sängerin Martha Tilton ergänzt. Es folgten noch einmal das Trio (*China Boy*), Quartett (*Stompin' At The Savoy, Dizzy Spells*), dann das Finale mit Orchester und dem Hit *Sing Sing Sing* und noch zwei Zugaben. Der Saal tobte, die Presse lobte. Goodman hatte klug kalkuliert, sein Publikum nicht überfordert, zugleich aber ein weites Spektrum musikalischer Stilfacetten vom Ragtime über den Schlager bis zum Orchesterswing geboten und mit dem Auftritt Hamptons darüber hinaus ein Zeichen der Gleichberechtigung gesetzt. Daher ging dieser milde und freundliche Sonntagabend im Januar 1938 als Wegmarke gesellschaftlicher Akzeptanz des Jazz in die Musikgeschichte ein. Veröffentlicht wurde er allerdings erst 1950, ergänzt um die von Goodman gesprochenen Einleitungen zu einigen Songs, die später als Bonus der CD-Edition beigefügt wurden.

Dexter Gordon

Go!

Blue Note 498794-2

Cheese Cake / *I Guess I'll Hang My Tears Out To Dry* / *Second Balcony Jump* / *Love For Sale* / *Where Are You* / *Three O'Clock In The Morning*
Dexter Gordon (ts), Sonny Clark (p), Butch Warren (b), Billy Higgins (dr)
Englewood Cliffs, New Jersey, 27. August 1962

Dexter Gordon (1923–1990) arbeitete in künstlerischen Phasen. Die erste dauerte vom aufkeimenden Bebop bis Mitte der Fünfziger, als seine Drogensucht überhand nahm. Dann folgte eine kurze Blütezeit zu Beginn der Sechziger, 1962 der Umzug nach Europa, dann ab Mitte des folgenden Jahrzehnts die internationale Wiederentdeckung seiner künstlerischen Persönlichkeit. »Go!« fällt somit in die zweite Periode des konsolidierten Bebops, als Gordon in kurzer Zeit eine ganze Reihe ausgezeichneter Modern-Jazz-Platten veröffentlichte (»Doin' All Right« und »Dexter Calling«, beide 1961, »Go!«, »A Swingin' Affair«, beide 1961, »Our Man In Paris«, 1963 usw.). Mit Sonny Clark und Billy Higgins hatte er den Sommer über verschiedene Jobs gespielt. Butch Warren wiederum war einer der angesagten New Yorker Bassisten und hatte ebenfalls mit den beiden anderen bereits Aufnahmen gemacht. So konnte es Gordon in Rudy van Gelders Studio gelassen angehen. *Cheese Cake* war ein mollgefärbter Mid-Time-Bebop auf der Basis von *Topsy*, den er skalenbetont mit einigen Reminiszenzen an den Coltrane der Miles-Davis-Phase versah. *I Guess I'll Hang My Tears Out To Dry* bot ihm als noch wenig abgenützte Ballade die Möglichkeit, die Stärken seines kraftvollen Tons und charakteristischen Vibratos im lyrischen Kontext zu präsentieren. Jerry Valentines *Second Balcony Jump* kannte er noch aus Tagen in der Billy Eckstine Band. Gordon steigerte sein Solo pointiert bis zum ersten Wendepunkt, Clark übernahm mit fließenden Single-Note-Lines im Red-Garland-Stil, Gordon überführte es schließlich nach kurzem Drum-Solo in das abrupte Ende. *Love For Sale* gab zunächst einen Bossa-Nova-Rhythmus vor, wechselte dann straight in ¼ und wurde von Gordon elegant ausphrasiert. Die zweite Ballade *Where Are You* lebte wiederum von Gordons mächtigem Sound und seine Vorliebe, Spannung über retardierende Phrasen zu gestalten. *Three O'Clock In The Morning* schließlich stammte aus Swing-

Zeiten und spielte ebenfalls ausgiebig mit der »Laid-Back«-Kompetenz von Gordons Linienbildung. Das Ganze wirkte kompakt und in der Dramaturgie derart schlüssig, dass der Kritiker Ira Gitler in den ›Liner Notes‹ schrieb: »Das ist eines dieser Alben, das dazu verführt, wenn man es gehört hat, gleich wieder auf Seite eins, beim ersten Stück anzufangen.«

Stéphane Grappelli / Earl Hines

Stéphane Grappelli Meets Earl Hines

Black Lion BLCD760168

Fine And Dandy / Over The Rainbow / Manhattan / Moonlight In Vermont / Memories Of You / There Will Never Be Another You / I Can't Get Started / You Took Advantage Of Me / Sometimes I'm Happy
Stéphane Grappelli (v), Earl Hines (p)
London, Chappell Studios, 4. Juli 1974

Manche Musiker müssen alt werden, um sich zu treffen. Stéphane Grappelli (1908–1997) und Earl Hines (1903–1983) hatten beide reichlich Musikgeschichte hinter sich gebracht, bevor sie sich im Jahr 1974 in einem Londoner Studio begegneten. Der eine galt als treibende Kraft der traditionellen europäischen Swing-Szene, hatte mit Django Reinhardt im Quintett des Hot Club de France den Gypsy-Sound popularisiert und war seitdem die führende Stimme an der Jazz-Geige. Der andere wiederum hatte bei Louis Armstrong gelernt, die stilistische Stride-Artistik von Art Tatum in den Bebop überführt und galt als Ahnherr der gemäßigten Stilmoderne am Klavier. Als nun der Produzent Alan Bates mitbekam, dass Hines nach seinem

Festivalauftritt in Montreux ein paar Tage in London weilen sollte und Grappelli ebenfalls verfügbar war, arrangier-
te er das längst überfällige Treffen der beiden Koryphäen.
Am 4. Juli 1974 trafen sie sich im Studio, zwei Handvoll
Standards im Gepäck, und legten los, ohne viel Zeit zu
verlieren. Das Besondere passierte, denn beide stellten aus
Ehrfurcht vor der Erfahrung des anderen die eigene Leistungsschau zurück und konzentrierten sich auf die Gemeinsamkeit des Musizierens. Wie verblüffend perfekt das
funktionierte, bewies etwa der Song *Manhattan*. Hines
hatte darauf bestanden, ein Lied zu spielen, das Grappelli
noch nicht kannte, und daraufhin den ersten Hit von
Rodgers & Hart vorgeschlagen. Zehn Minuten dauerte die
Einweisung, heraus kam ein Musterstück des Zusammenspiels. Überhaupt erwies sich Hines als Meister aller Klas-
sen: die Time unerschütterlich, die linke Hand hart und
exakt bei den Stride-Passagen, weich und effektvoll har-
monisierend bei Akkorden, die rechte perlend postboppig
in den Läufen, die Soli wie in *You Took Advantage Of Me*
melodisch überraschend und geläutert virtuos – darauf
konnte Grappelli aufbauen und selbst mit swingender Eleganz, perfekter Intonation und emotionaler Intensität in
den Gassenhauern des Repertoires schwelgen. So doku-
mentiert dieses Treffen der beiden Jazz-Legenden einen
dieser wundersamen Tage, an dem einfach alles stimmte,
und präsentiert sie in einer Klarheit und gelassenen Virtuosität, wie man sie sonst auch bei den historisch wert-
vollsten Aufnahmen kaum erleben kann.

Charlie Haden

Liberation Music Orchestra

Impulse! 11882

*The Introduction / Song Of The United Front / El Quinto Regi-
miento (The Fifths Regiment) – Los Cuatro Generales (The Four
Generals) – Viva La Quince Brigada (Long Live The Fifteenth
Brigade) / The Ending Of The First Side / Song For Ché / War
Orphans / The Interlude (Drinking Music) / Circus '68 '69 / We
Shall Overcome*

Perry Robinson (cl), Gato Barbieri (ts, cl), Dewey Redman (as, ts),
Don Cherry (tp, indian flutes), Mike Mantler (tp), Bob North-
ern (frh, perc, whistle), Howard Johnson (tuba), Sam Brown (g,
thumb piano), Carla Bley (p), Charlie Haden (b), Paul Motian,
Andrew Cyrille (dr, perc)
New York City, Judson Hall, 27.–29. April 1969

Im Jahr 1971 wurde Charlie Haden (*1937) im Anschluss
an ein Konzert in Portugal verhaftet, weil er seinen *Song
For Ché* der schwarzen Unabhängigkeitsbewegung in den
portugiesischen Kolonien gewidmet hatte. Für das rechte,
in seinen letzten Zügen liegende Caetano-Regime war das
ein Affront, so wie überhaupt das ganze Liberation Music
Orchestra eine Provokation darstellte. Haden hatte es 1969
für die Aufnahme des gleichnamigen Albums zusammen-
gestellt und damit eine deutliche Botschaft verbunden.
»Die Musik dieser Platte ist der Erschaffung einer besseren
Welt gewidmet, einer Welt ohne Krieg und Totschlag,
ohne Armut und Ausbeutung«, hatte der Bassist und
Bandleader in den Liner Notes geschrieben und für dieses
Vorhaben ein ungewöhnliches und prominent besetztes
Ensemble geschaffen. Mit dabei waren alte Recken der
Freeszene wie Don Cherry, Dewey Redman, Gato Barbie-
ri und Paul Motian, aber auch Avantgardisten der New
Yorker Clique wie Carla Bley und Mike Mantler. Das
Konzept von »Liberation Music Orchestra« basierte auf

einer musikalischen Würdigung des Freiheitskampfes gegen die Faschisten im spanischen Bürgerkrieg, ausgehend
von drei historischen Liedern dieser Jahre – *El Quinto Re-
gimiento, Los Cuarto Generales* und *Viva La Quince Brigada* –, die zu einer zwanzigminütigen Suite verarbeitet
wurden. Dazu kam eine Interpretation von Hanns Eislers
Einheitsfront, eine Kurzversion von *We Shall Overcome*,
mehrere Zwischenspiele, Ein- und Ausleitungen von Carla
Bley, Ornette Colemans *War Orphans* und die beiden Originals *Song For Ché* und *Circus '68 '69*. Die Palette der
Ausdrucksmittel war groß, vom Eisler'schen Marsch-
rhythmus über Flamenco-Impressionen, lyrische Solo-
Passagen wie im ausführlichen Bass-Intro von *Song For
Ché* bis hin zu Kollektivimprovisationen, wie dem einem
Tumult im amerikanischen Parlament nachempfundenen
Circus '68 '69, bei dem Haden zwei Orchestergruppen
gleichzeitig gegeneinander spielen ließ. Bei aller Konzep-
tualität gelang es dabei dem Ensemble, wild, engagiert und
reflektiert zugleich zu wirken, wie eine konsequente Weiterführung des indifferenten Freiheitsgedankens des Jazz
der frühen Sechziger. Deshalb wurde es auch ein Meilenstein der Jazzgeschichte an der Schwelle zur extremen, zumeist unpolitischen Individualisierung der Folgejahre.

Jim Hall

Textures

Telarc CD-83402

*Fanfare / Ragman / Reflections / Quadrologue / Passacaglia / Sa-
zanami / Circus Dance*
Jim Hall (g), Derek DiCenzo (steel drum), Jamie Finegan, Ryan
Kisor (tp), Claudio Roditi (flh), Joe Lovano (ss), Jim Pugh,

Conrad Herwig (tb), Scott Colley (b), Terry Clarke (dr), String Section unter der Leitung von Gil Goldstein u. a.
New York City, Clinton Recording Studio A, 17.–19. September 1996

Da ist zum einen der Jim Hall (* 1930), den man aus wegweisenden Aufnahmen wie »The Bridge« von Sonny Rollins oder den Duetten mit Bill Evans kennt. Es ist der Gitarrist, der durch seine klassische Ausbildung bei Vincente Gomez und dem Cleveland Institute of Music einen anderen, strukturelleren Zugang zur musikalischen Gestaltung als seine Kollegen hatte und der Charlie-Christian-Nachfolge daher eine neue Richtung gab. Der andere Jim Hall allerdings, der sich als zufällig Gitarre spielender Komponist verstand, blieb lange Jahre weitgehend unbekannt. Genau genommen musste die Musikwelt bis »Textures« warten, um ihn in seiner Eigenart wahrnehmen zu können. Der Titel des Albums ist Programm. Eine »Textur« ist in der musikwissenschaftlichen Fachsprache das ganzheitlich wahrgenommene Zusammenwirken aller Stimmen, noch bevor die analytische Strukturierung einsetzt. Sie entspricht dem ungefilterten Höreindruck, den ein Komponist zuallererst bei seinem Publikum erreichen will. Intensität und Dichte, ebenso die räumliche und energetische Verteilung der Klänge stehen dabei im Vordergrund, Kriterien also, die sich mitunter der objektiven Beurteilung entziehen und das Musikempfinden bestimmen. Halls Texturen beziehen sich daher auch auf eine Vielzahl unterschiedlicher Assoziationsketten, die beim Hören entstehen können. *Fanfare* ist eine Brass-Band-/Big-Band-Kombination, die New Orleans ebenso konnotiert wie den fortgeschrittenen Ensemblejazz von Formationen wie dem Thad Jones / Mel Lewis Orchestra. *Ragman* erinnert an Eddie Sauters *Focus*-Kompositionen für Stan Getz und wird von einem 15-köpfigen Streicherensemble dominiert, mit Färbungen von Gil Evans bis zu

osteuropäischen Melodiefiguren. *Reflections* mündet nach
einem kammermusikalischen Bläserintro in einen harmonisch ausgefuchst alterierten Jazzwalzer, *Quadrologue* ist
ein mehrstimmiges Kommunikationsgeflecht zwischen
Gitarre, Bass, Viola und Cello, *Passacaglia* eine orchestra-
le, molltraurige Hommage an Komponisten wie Benjamin
Britten oder Ralph Vaughan Williams und deren changierende, mächtige Klangräume. *Sazanami* steht im Japani-
schen für »gekräuselte Wellen« und wird von Hall als fra-
giler, sanft fließender Song mit exotischem Flair der kari-
bischen Steel Drums verstanden, die er selbst solistisch in
karibischer Manier kommentiert. *Circus Dance* schließlich
wirkt wie ein modern verunglückter Tanzbodenwalzer,
ebenfalls mit Anspielungen auf die osteuropäische Musiktradition. Das ganze Album präsentiert daher einen Jim
Hall, der sich nach Jahren der jazzenden Gewissheit als
detailversessen arbeitender Komponist definiert und damit ein Spätwerk skizziert, das ihn weit über seine ursprüngliche Bedeutung als Stilist an der Gitarre hinaus-
führt.

Lionel Hampton

The Lionel Hampton Quintet

Verve 589100-2

*Flying Home / Je Ne Sais Pas / On The Sunny Side Of The Street /
April In Paris / Don't Be That Way / These Foolish Things / The
Way You Look Tonight / It's Only A Paper Moon*
Lionel Hampton (vib), Buddy DeFranco (cl), Oscar Peterson (p),
Ray Brown (b), Buddy Rich (dr)
New York, Fine Sound, 12./13. April 1954

Im Laufe seiner mehr als sieben aktiven Jazz-Jahrzehnte hat Lionel Hampton (1908–2002) einiges bewegt. Er war der Erste, der 1931 anlässlich einer Aufnahme mit Louis Armstrong das erst drei Jahre zuvor erfundene Vibrafon einsetzte und es damit in den Rang eines ernstzunehmenden Instruments erhob. Er war der Erste, der im Quintett von Benny Goodman Ende der dreißiger Jahre ein Tabu brach und als Schwarzer zusammen mit weißen Musikern auf die Bühne eines Konzerthauses trat. Er war einer der führenden Entertainer des Swings, ein Talentförderer, aus dessen Big Bands ganze Generationen berühmter Instrumentalisten hervorgingen, eine Integrationsgestalt weit über die Grenzen des Jazz hinaus. Und noch mehr, wie der Produzent Norman Granz in den ›Liner Notes‹ zu »The Lionel Hampton Quintet« anmerkte: »Mal ganz abgesehen von seiner ureigenen Bedeutung als Jazzkünstler, ist Lionel Hampton meiner Meinung nach einer der größten Katalysatoren des Jazz, der andere Musiker in seiner Gegenwart zur Höchstform bringt, sowohl in Bezug auf die Inspiration und Idee, die er vermittelt, als auch auf seinen enormen Beat und seine starke Präsenz im Raum. Die meisten Jazzmusiker werden bestätigen, dass es zu den stimulierendsten Erlebnissen gehört, mit Hampton zu spielen.« Tatsächlich schien dieser anregende Esprit auch die All-Star-Sessions zu bestimmen, die im April 1954 unter Granz' Ägide stattfanden. Zu dem bereits für frühere Plattenaufnahmen zusammengestellten Quartett mit dem kanadischen Klavierwunder Oscar Peterson, dem Bebop-Bassisten Ray Brown und dem Swingbop-Drummer Buddy Rich war als Ergänzung der Klarinettist Buddy DeFranco eingeladen worden, der insgeheim als Nachfolger Benny Goodmans gehandelt wurde. Die Besetzung war zum einen eine Reminiszenz an das legendäre Quintett der späten Dreißiger, andererseits aber stilistisch wesentlich offener, weil jünger. Auf dem Programm standen sechs Standards und zwei Kompositionen von Hampton,

Je Ne Sais Pas und dessen größter Hit *Flying Home* von 1940. Und geboten wurde, was alle erhofft hatten. Denn die fünf Jazzstars swingten sich derartig in Form, dass aus den Aufnahmen gleich zwei LPs gemacht wurden. Hamptons perkussiv-saloppe Tonkaskaden, Petersons bis in schwierigste Akkordläufe perfekte Akkuratesse, DeFrancos wunderschön samtene und selbst in den Höhen volltönend eleganten Läufe, Browns verlässliches Bassfundament und Richs geistreich kommentierender Beat setzten sich zu einem Studiohighlight zusammen, das zu den besten der vielen hundert Aufnahmen gehört, die Hampton zeit seines Lebens verwirklichte.

Herbie Hancock Group

Head Hunters

CBS CK 65123

Chameleon / Watermelon Man / Sly / Vein Melter
Herbie Hancock (el-p, keyb, clavinet, pipes), Bennie Maupin (fl, b-cl, ts, ss, saxello), Paul Jackson (b, marimbula), Harvey Mason (dr), Bill Summers (perc, balafon)
San Francisco, Herbst 1973

»Head Hunters« ist ein umstrittenes Album. Für die einen ist es der Einstieg Herbie Hancocks (* 1940) in seine zweifelhafte kommerzielle Phase, die bis zu dem Instrumental-Welthit *Rockit* (auf »Future Shock«, 1983) allerlei zweitrangiges Disco-Material hervorbrachte. Den anderen gilt es als Klassiker des synthetisch geprägten Fusion-Sounds der frühen Siebziger, der sich nebenbei millionenfach verkaufte. Hancock selbst nahm diese Unterschiede nicht so wichtig. Als sporadisches Mitglied der Miles Davis Group experimentierte er zeitgleich mit härteren Jazzrockklängen, hatte seit »Fat Albert Rotund« (1970) verschiedene Stilvorschläge für Funk Jazz vorgelegt und war nun dabei, die Soundmöglichkeiten der noch jungen, sich rasant entwickelnden Synthesizer zu erforschen. Die Faszination, die von den Sinustönen und Hüllkurvengeneratoren zur Modulierung hochfrequenter Signale ausging, ist dabei unüberhörbar. Waren die spieltechnischen Dimensionen der Improvisation für Hancock bereits weitgehend ausgeschöpft, so konnte im Bereich synthetischer Klänge noch Neues ausprobiert werden. Ein Solo wie in *Chameleon* ließ es pfeifen, pitchen, modulieren. Es forderte zu unpianistischem Umgang mit dem Instrument heraus und setzte die bläserorientierte Spielweise, die sich bereits am E-Piano bewährt hatte, in effektvoller Weise fort. Dabei lag der Reiz vor allem in der Kombination von synthetischen und natürlichen Sounds und den fließenden Übergängen dazwischen (Fender Rhodes, Clavinet). Dazu kamen zahlreiche Flöten und Perkussioninstrumente afrikanischer Herkunft, Bennie Maupins soulig jazziges Saxofon und eine trocken gemischte Rhythmusgruppe, die für homogenen, betont lässigen Groove sorgte. Die Dramaturgie des Albums war raffiniert – *Chameleon* als funky Auftakt, *Watermelon Man* als rhythmisch komplexe, afrikaneske Neuaufnahme des Hits von 1960, *Sly* als trancehafte Steigerung der Fusion-Idee, *Vein Melter* als synthiestreicherdominierter, versöhnlicher Ausklang. Das passte nicht zu den Stilvorstellungen der Avantgarde-geprägten Kritiker der frühen Siebziger, machte »Head Hunters« aber zum prototypischen Fusion-Album.

Herbie Hancock

Maiden Voyage

Blue Note 495331-2

Maiden Voyage / The Eye Of The Hurricane / Little One / Survival Of The Fittest / Dolphin Dance
Freddie Hubbard (tp), George Coleman (ts), Herbie Hancock (p), Ron Carter (b), Tony Williams (dr)
Englewood Cliffs, New Jersey, 17. Mai 1965

»Maiden Voyage« sollte ein Konzeptalbum werden. »Die Musik versucht, die Weite und Majestät [des Meeres] einzufangen, den Glanz eines Schiffes, das zu seiner Jungfernfahrt aufbricht, die graziöse Schönheit spielender Delphine, den andauernden Kampf ums Überleben selbst der kleinsten Meeresgeschöpfe und die furchteinflößende destruktive Kraft eines Hurrikans, der Nemesis der Seeleute«, kommentierte Herbie Hancock in den ›Liner Notes‹ die Idee hinter den Kompositionen. Um sie zu verwirklichen, griff er auf ein hervorragend eingespieltes Team zurück. Den Tenorsaxofonisten George Coleman und die Rhythmusgruppe mit Ron Carter am Kontrabass und Tony Williams am Schlagzeug kannte er von seiner Arbeit mit Miles Davis. Der Trompeter Freddie Hubbard wiederum galt nach Donald Byrd als der versierteste der jungen Generation und hatte dem Pianisten bereits bei dessen Hit »Cantaloupe Island« (1964) zur Seite gestanden. Gemeinsam gingen sie in Rudy van Gelders Studio und spielten an nur einem Tag ein verblüffend stimmiges Album ein, das bald darauf mit Höchstwertungen in Umfragen und Rezensionen bedacht wurde. Geklammert wurde die Musik von zwei ruhigen, versöhnlichen Kompositionen (*Maiden Voyage*, *Dolphin Dance*), in der Mitte stand eine kontemplative Ballade (*Little One*) mit getragenem Bläserthema, den Rest bildeten zwei aufgeregte, zum Teil hardboppig stürmische Kompositionen, die die Urgewalten der Natur versinnbildlichen sollten. *Survival Of The Fittest* stellte ein virtuos narratives Solo Hubbards mit lautmalerischen Passagen einem auf- und abschwellenden Klaviermotiv und dem überbordenden Schlagzeug gegenüber. *The Eye Of The Hurricane* wiederum gab nach einem mehrfach rhythmisch durchbrochenen Thema ebenfalls Hubbard die Möglichkeit, growlend seine Geläufigkeit zu demonstrieren, gekontert von Colemans coltranesken Achtelläufen und Hancocks die Modalität alteriert ergänzenden Improvisationen am Klavier. Diese Kombination der Gegensätze – ruhig, hektisch, getragen, aufbrausend, heiter-versöhnlich – verlieh dem Album eine Geschlossenheit, die es von vielen zeitgenössischen Projekten unterschied. »Alle Stücke haben genau die richtige Länge«, schrieb der Rezensent des Jazzmagazins ›Down Beat‹ 1966 als Begründung für seine Höchstwertung und fuhr fort: »Die Solisten hören in dem Moment auf, wo sie alles gesagt haben. Die Unisono-Linien stimmen so perfekt überein und die Ensemble-Partien haben eine derartige Sensibilität, die nur nach langer Zusammenarbeit entstehen kann. Diese Musik erzählt mir etwas Gutes.«

Coleman Hawkins

Encounters Ben Webster

Verve 823 120-2

Blues For Yolande / It Never Entered My Mind / Rosita / You'd Be So Nice To Come Home To / Prisoner Of Love / Tangerine / Shine On Harvest Moon
Coleman Hawkins, Ben Webster (ts), Oscar Peterson (p), Herb Ellis (g), Ray Brown (b), Alvin Stoller (dr)
Hollywood, 16. Oktober 1957

Bevor Coleman Hawkins (1904–1969) Mitte der zwanziger Jahre seine ersten wichtigen Soli blies, war das Tenorsaxofon eher eine Marginalie im Jazz. Von da an aber holte es eilends nach, was es an Popularität der Trompete, Posaune oder auch Klarinette überlassen hatte. Hawkins demonstrierte zunächst mit starkem, zugleich farbenreichem Ton, wie man sich im Orchesterverbund durchsetzten konnte, setzte daraufhin 1939 und 1942 durch seine Solo-Chorusse in *Body And Soul* und *The Man I Love* Maßstäbe der Phrasierung und melodischen Ausgestaltung und leitete wenige Jahre später wiederum den Übergang zum Bebop ein, indem er als wichtige Integrationsgestalt des Swings mit jungen Musikern wie Dizzy Gillespie und Miles Davis spielte. Ben Webster (1909–1973) wiederum galt bereits in den späten Dreißigern als der renommierteste von Hawkins' Adepten, obwohl er zunächst bei Lester Young gelernt und einen komplett anderen Ton entwickelt hatte. Insofern war es ein außergewöhnliches Ereignis, als Norman Granz 1957 die beiden Altmeister des Tenorsaxofons im kleinen Rahmen zusammenbrachte. Begleitet von einer exzellenten, aber in diesem Fall ehrfurchtsvoll zurückhaltenden Rhythmusgruppe, nützten sie die Gelegenheit, ohne jede Eitelkeit schlicht schöne Musik zu machen. Bis auf einen Hawkins-Blues (*Blues For Yolande*) zum Einstieg wählten sie Stücke aus dem Great American Songbook, die sie vergleichsweise simpel arrangierten. In *It Never Entered My Mind* und *You'd Be So Nice To Come Home To* startete Webster mit dem ersten Solo, die anderen Stücke eröffnete Hawkins. Beide stellten ihre Geläufigkeit hintan und konzentrierten sich darauf, vor allem durch Ton, Liniengestaltung und solistische Dramaturgie zu glänzen. Hawkins' offener, mit leichtem Vibrato gefärbter Sound wirkt im direkten Vergleich zu Websters dunklem, mit viel Luft geblasenem Tenorklang variabler, jugendlicher, während im Gegenzug Webster intimere und emotional schmeichelndere Stimmungen entstehen lassen konnte.

Doch um Konkurrenz ging es bei diesem Gipfeltreffen nicht. Es war vielmehr der gemeinsame Wille zur melodischen Eleganz, der Spaß am narrativen Spiel und an der gegenseitigen Kommunikation zweier großer Geschichtenerzähler des Jazz, der dieses Treffen zu einem ebenso unspektakulären wie charmanten Highlight der swingenden alten Schule machte.

Woody Herman

At Carnegie Hall, 1946

Verve 559 833-2

CD 1: *Bijou / Sweet And Lovely / Superman With A Horn / Blowing Up A Storm / The Man I Love / Four Man On A Horse / The Good Earth / Ebony Concerto* (incomplete) */ Your Father's Moustache / Everywhere / Mean To Me*
CD 2: *Red Top / I'll Get By / Panacea / I Surrender, Dear / Hallelujah / Heads Up / 1–2–3–4 Jump / Summer Sequence* (incomplete) */ Wildroot / With Someone New*
›The Herd‹: Woody Herman (cl, as), Sonny Berman, Pete Candol, Conrad Gozzo, Marky Markowitz, Shorty Rodgers (tp), Bill Harris, Ed Kiefer, Ralph Pfeffner (tb), John LaPorta, Sam Marowitz (as), Mickey Folus, Flip Phillips (ts), Sam Rubinowitch (bar-s), Red Norvo (vib), Tony Aless (p), Billy Bauer (g), Chubby Jackson (b), Don Lamond (dr), Ralph Burns (p, arr), Neal Hefti (arr), plus: John Barrows (frh), Sam Rubinowitch (b-cl), Abe Rosen (harp), Walter Hendl (cond) bei *Ebony Concerto*
›The Woodchoppers‹: Woody Herman (cl), Sonny Berman (tp), Bill Harris (tb), Flip Phillips (ts), Red Norvo (vib), Tony Aless (p), Chubby Jackson (b), Don Lamond (dr) (CD 2 # 5–7)
New York City, Carnegie Hall, 25. März 1946

Es war ein in vieler Hinsicht ungewöhnlicher Montagabend. Zunächst war die Carnegie Hall trotz Benny Goodmans Erfolg acht Jahre zuvor und gelegentlichen

Konzerten des Duke Ellington Orchestras noch immer ein ungewöhnlicher Ort für Jazz. Woody Hermans First Herd schaffte es bei seinem Debüt auf der berühmten Bühne als beliebteste Big Band ihrer Zeit jedoch mühelos, den Musentempel bis zum letzten Platz zu füllen. Darüber hinaus gab es mindestens zwei weitere Premieren an diesem Abend. Die weniger spektakuläre lieferte der Bassist Chubby Jackson, der zum ersten Mal in der Jazzgeschichte einen Verstärker für einen Kontrabass verwendete. Die zweite hingegen war eine kleine Sensation, denn Hermans Herd führte unterstützt von Kollegen der Philharmoniker mit dem *Ebony Concerto* ein Werk auf, das Igor Strawinsky eigens für das Orchester geschrieben hatte. Darüber hinaus stellte das Ensemble den gerade mal 23-jährigen Ralph Burns als Arrangeur in den Mittelpunkt, der der Big Band erstaunlich einfallsreiche, wirkungssichere Bebop-Arrangements verordnete. Auch wenn die Aufnahmen »At Carnegie Hall, 1946« eineinhalb Jahre vor der Einführung des Magnetbandes als Speichermedium entstanden und daher zum Teil von rauschenden Schellacks rekonstruiert werden mussten, wird schnell klar, warum Hermans Herd Mitte der Vierziger als Bindeglied zwischen verschiedenen Stilistiken galt. Denn zum einen hatten Bebop-Titel, klassisch anmutende Sequenzen, herzzerreißende Balladen und Entertainment gleichberechtigt Platz im profund swingenden Repertoire. Die Klangfarben, die Burns' und Neal Heftis Arrangements dabei erreichten, nahmen in ihrer Vielfalt flirrende, schwebende Stimmungen von Gil Evans' Klangräumen vorweg und brachten zugleich die enorme Vitalität der Charlie-Parker-Generation in die große Form. Herman selbst hielt sich dabei im Hintergrund, ließ Talenten wie dem Trompeter Sonny Berman oder dem Posaunisten Bill Harris solistisch den Vortritt. Die zum Oktett abgespeckte Version der Woodchoppers sorgte andererseits dafür, dass Koryphäen wie der Vibrafonist Red Norvo gefeiert werden konnten. So stellte sich der Abend als ein einziger Triumph heraus, für den Jazz als unterhaltende Kunstform im Allgemeinen und Hermans First Herd im Speziellen, die damit ihr Denkmal als wichtigste Big Band des Bebops bekam.

Johnny Hodges & Duke Ellington

Back To Back

Verve 521404-2

Wabash Blues / Basin' Street Blues / Beale Street Blues / Weary Blues / St. Louis Blues / Loveless Love / Royal Garden Blues
Harry Edison (tp), Johnny Hodges (as), Duke Ellington (p), Leslie Spann (g), Al Hall, Sam Jones (b), Jo Jones (dr)
New York, 20. Februar 1959

Der Blues ist die Basis. Ohne seine gemeinhin 12-taktige Form und die bittersüßen Geschichten, die er erzählen kann, hätte der Jazz von Anfang an anders geklungen. Der Blues hilft zu kommunizieren, gibt Sicherheit, fordert aber auch heraus, ihn mit verschiedenen Mitteln zu erweitern. Johnny Hodges (1906–1970) spielte seinen ersten nachweisbaren Blues mit Duke Ellington, als er 1928 mit dessen Orchester die Schellackplatte *Yellow Dog Blues / Tishomingo Blues* aufnahm. Es war kurz, nachdem er sich dem angesagten Orchester des Pianisten angeschlossen hatte, und markierte den Startschuss für eine ungewohnt enge Liaison, die den Altsaxofonisten aus Cambridge, Massachusetts, mit Ausnahme einer Unterbrechung von 1951 bis 1955 bis zu seinem Tod mit Ellingtons Ensembles verband. Sein singender Ton, die sichere und reine Intonation, aber auch das melodische Feingefühl machten Hodges zum festen und prägenden Bestandteil des berühmten Orchestersounds, der mit einer Mischung aus Wärme und Lakonik den Höreindruck des eleganten Swings prägte. Für »Back To Back« trafen sich nun der Meister und seine Chefbläser mit kleinem Gefolge zu einer Session, die schnell zu einer ihrer berühmtesten werden sollte. Denn sie verzichteten auf Ellingtons Kompositionen und widmeten sich voll und ganz der Grundlagenarbeit, überwiegend am Beispiel der Stücke von W. C. Handy. Das Album bestand aus sieben Variationen zum Thema Blues, wobei lediglich *Royal Garden Blues* auf der klassischen 12-taktigen Form beruhte. Keiner der Beteiligten, weder Ellington noch Hodges oder die Gäste Harry Edison an der Trompete und der junge Leslie Spann hatte es nötig, sich in den Vordergrund zu stellen. Die Atmosphäre war hörbar entspannt und kollegial, man ergänzte sich, spielte sich Bälle zu, genoss die Einfachheit auf hohem Niveau, in einer Zeit, da man anderorts bereits mit der Form an sich kämpfte. Hodges' lupenreine, charakteristisch von unten angegangenen Melodielinien (*Basin' Street Blues*), Edisons Basie-erprobtes Gespür für Reduktion (*St. Louis Blues*) und Ellingtons ungewöhnlich ausladende Solo-Passagen ergänzten sich mit dem Swing der Rhythmusgruppe zum jazzigen Paradigma des Blues, dem aufgrund des großen Erfolges ein halbes Jahr später mit »Side By Side« eine Standard-orientiertere Fortsetzung mit Rest-Takes der Februar-Session und einer Handvoll in anderer Besetzung neu aufgenommener Titel folgte.

Billie Holiday

You Go To My Head

Dreyfus Jazz FDM 36742-2

Love Me Or Leave Me / I'll Be Seeing You / You're My Thrill /
You Go To My Head / Georgia On My Mind / Night And Day /
When You're Smiling / The Man I Love / If I Were You / Strange
Fruit / I've Got My Love To Keep Me Warm / Am I Blue / Let's
Call The Whole Thing Off / Body And Soul / They Can't Take
That Away From You / I've Got A Date With A Dream / Jim /
Crazy He Calls Me / Do Nothing Till You Hear From Me – I'll
Get By / I Love My Man (Billie's Blues)
Billie Holiday (voc), Teddy Wilson And His Orchestra, Eddie
Heywood And His Orchestra, Gordon Jenkins And His Or-
chestra, Billie Holiday And Her Orchestra, The All Star Jam
Band
New York, 12. Januar 1937 – 19. Oktober 1949

Die ideale Zusammenstellung mit Liedern von Billie Holiday (1915–1959) gibt es nicht. Zwischen 1936 und 1959
hat sie rund 350 Titel mit sehr unterschiedlichen Besetzungen eingespielt, wobei man den umstrittenen späten
Aufnahmen schon deutlich das brüchige Timbre des ge-
lebten Lebens anhört. In den späten Dreißigern jedoch bis
zum Höhepunkt ihrer Karriere in den Vierzigern hatte
ihre Stimme eben jene Mischung aus Seele und Swing,
Musikalität und Verletzlichkeit, die sie neben Ella Fitzgerald und Sarah Vaughan zur wichtigsten Sängerin des Jazz
heranreifen ließ. Aus armseligen Verhältnissen in Balti-
more nach New York gezogen, hatte sie ihre ersten Engagements noch als Minderjährige in zweifelhaften Bars und
Nightclubs, bis John Hammond sie entdeckte und 1933 an
Benny Goodman vermittelte. Von da an ging es schritt-
weise bergauf, mit festen Engagements bei Count Basie
(1937), Artie Shaw (1938), vor allem aber bei Teddy Wilson, mit dem in den späten Dreißigern berühmte Aufnah-

meserien entstanden (*Love Me Or Leave Me*, *When You're Smiling*). Es gelang ihr außerdem, unter eigenem Namen prominent besetzte Orchester zusammenzuhalten, die neben der Basie-Rhythmusgruppe mit Freddie Green (g), Walter Page (b) und Jo Jones (dr) auch ihr frühes Alter Ego am Tenorsaxofon, Lester Young, beschäftigten (*Night And Day*, *When You're Smiling*). Besonders beeindruckend wurde eine Aufnahme, die sie 1939 mit dem Orchester von Eddie Heywood verwirklichte: *Strange Fruit* war eine bittere Anklage an die Lynchjustiz, von Holiday mit einer Mischung aus Wut und Lakonik gesungen, die den Menschen Gänsehaut auf den Rücken trieb. Zu ihren größten Erfolgen dieser Jahre gehörte außerdem das umjubelte Konzert in der Metropolitan Opera am 18. Januar 1944, das sie für drei Stücke mit den Esquire All Stars unter anderem mit Coleman Hawkins (ts) und Art Tatum (p) zusammenbrachte (*Do Nothing Till You Hear From Me*, *I Love My Man*). So ist »You Go To My Head« eine gute, wenn auch nicht die ultimative Kompilation mit Liedern von Lady Day. Denn die kann eigentlich nur in einer Gesamtausgabe ihrer Aufnahmen bestehen.

Dave Holland Quartet

Dream Of The Elders

ECM 1572

The Winding Way / *Lazy Snake* / *Claressence* / *Equality* / *Ebb & Flo* / *Dream Of The Elders* / *Second Thoughts* / *Equality*
Eric Person (as, ss), Steve Nelson (vib), Dave Holland (b), Gene Jackson (dr), Cassandra Wilson (voc # 4)
New York, Power Station, März 1995

Als Miles Davis den jungen Dave Holland (*1946) Ende der Sechziger in seine Band holte, war der britische Bassist einer unter vielen Newcomern, der im Stilgeflecht von Charles Mingus, Scott LaFaro und Jimmy Garrison seinen Weg suchte. Ein Vierteljahrhundert später war er selbst bereits einer der prägenden Musiker seines Instruments, dessen Phrasierung und Tongebung, Groove und Strukturkraft, Variabilität und Virtuosität dem Kontrabass eine zeitgemäße Erscheinung gaben. Dabei verstand Holland seine eigenen Bands spätestens seit Mitte der Achtziger als Katalysatoren für Talente auf der einen und eine extrem dichte, in sich verschlungene Musik auf der anderen Seite. Als er nach den Formationen mit Steve Coleman, den Eubanks-Brüdern und Marvin ›Smitty‹ Smith sich 1994 daran machte, ein neues festes Ensemble aus der Taufe zu heben, legte er daher Wert darauf, inhaltlich möglichst weit fächern zu können. Mit dem Saxofonisten Eric Person aus St. Louis holte er einen behutsamen, avantgardeerfahrenen Ekstatiker in die Band, der am Sopran wie am Alto weit geschwungene Spannungsbogen in der Tradition Joe Farrells zu gestalten vermochte. Der Vibrafonist Steve Nelson wiederum war einer von den seltenen Musikern, dem es gelang, mit wenigen Tönen einen ganzen Saal in Atem zu halten, und der mit Zwei-Schlägel-Technik verblüffende harmonische Klangräume entwarf, für die Kollegen wie Gary Burton vier Klöppel brauchten. Gene Jackson schließlich gehörte zu den Polyrhythmikern mit hoher Sensibilität für dynamische Feinabstufung und begleitende Zwiegespräche. So konnte das Debüt dieses Quartetts »Dream Of The Elders« zu einer Grundsatzerklärung zeitgemäßen Zusammenspiels werden, die besonders durch die Synergie der künsterlerischen Ideen von vier starken musikalischen Individuen auffiel. Ob *The Winding Way*, das aus einem nervösen Motiv heraus sich zu einem kommunikativen Solofeuerwerk von Vibrafon und Sopransaxofon steigerte, oder *Equality*, das mit der Sängerin Cassandra Wilson ein Gedicht von Maya Angelou in eine emotionsschillernde Ballade zwischen Melancholie und Gelassenheit verwandelte – das Dave Holland Quartet erwies sich als kompakt agierende musikalische Einheit, die den Ausgangspunkt setzte für ein halbes Dutzend weitere Alben, die mit ähnlicher Mannschaft in der Folgezeit die Polls der Fachmagazine anführte.

Freddie Hubbard

Hub-Tones

Blue Note 499008-2

Your're My Everything / You're My Everything (alternate take) / *Prophet Jennings / Hub-Tones / Hub-Tones* (alternate take) / *Lament For Booker / For Spee's Sake / For Spee's Sake* (alternate take)
Freddie Hubbard (tp), James Spaulding (as, fl), Herbie Hancock (p), Reginald Workman (b), Clifford Jarvis (dr)
Englewood Cliffs, New Jersey, 10. Oktober 1962

Es war erst ein paar Jahre her, dass Freddie Hubbard (*1938) als Newcomer aus Indianapolis nach New York gezogen war. In der Zeit allerdings, als »Hub-Tones« aufgenommen wurde, kam kaum noch jemand um den Trompeter· herum. Er hatte sich mit atemberaubender Geschwindigkeit und immenser Produktivität an der Seite von so unterschiedlichen Kollegen wie Ornette Coleman (»Free Jazz«, 1960), John Coltrane (»Olé«, 1961) oder Art Blakey einen Namen gemacht, dessen Jazz Messengers er seit 1961 leitete. Die Aufnahmen unter eigenem Signum setzten 1960 mit »Open Sesame« ein und erreichten mit Alben wie »Ready For Freddie« (1961) oder eben »Hub-

Tones« ihren vorläufigen Höhepunkt. Denn Hubbards spieltechnische Fertigkeiten hatten einen Grad der Virtuosität und Vielseitigkeit erreicht, der unter den Instrumentalisten seiner Generation Maßstäbe setzte. Er verband die Intensität des Ausdrucks eines Miles Davis mit der Geschmeidigkeit der Läufe Clifford Browns, verschmolz sie mit der High-Note-Kompetenz eines Dizzy Gillespie, dem funky Touch Donald Byrds und der lyrischen Intensität Art Farmers. Dabei blieb er jedoch an seinem klaren, selbst in hohen Lagen warmen Ton, seinem volumenreichen Spiel im tiefen Register und der enormen solistischen Eloquenz stilistisch identifizierbar. Für »Hub-Tones« nun hatte er sich ein Hardbop-Quintett zusammengestellt, das nach den vorangegangenen Experimenten mit Coltranes Rhythmusgruppe wieder mehr Bodenhaftung in den Gruppensound bringen sollte. Den Saxofonisten James Spaulding kannte er noch aus seinen Anfangstagen in Minneapolis, Herbie Hancock galt als innovativer, weil sowohl modal wie funky versierter Newcomer am Klavier. Reginald Workman wiederum kam aus Coltranes Dunstkreis und Clifford Jarvis war einer der angesagten Drummer der New Yorker Szene. Bis auf den Standard *You're My Everything* stammten die Kompositionen von Hubbard und öffneten das Spektrum vom hitzig hardboppigen Titelstück über modernen Blues (*For Spee's Sake*) bis hin zum intim-balladesken *Lament For Booker*. Spauldings Coltrane-gefärbtes Saxofon und seine Dolphy-beeinflusste Flöte standen dabei dem harmonisch-rhythmisch pointiert akzentuierenden Klavier und der sowohl mit Dämpfer (*Prophet Jennings*) wie mit High-Note-Kaskaden (*Hub-Tones*) und lyrischen Erzählungen (*Lament For Booker*) brillierenden Trompete gegenüber. Das Album festigte daher Hubbards Ruf als Primus inter Pares seiner Generation und wurde außerdem für sein gekonnt abstraktes Cover von Reid Miles berühmt.

Abdullah Ibrahim & Ekaya

African River

Enja CD 6018 2

Toi-toi / African River / Joan – Capetown Flower / Chisa / Sweet
Samba / Duke 88 / The Wedding / The Mountain Of The Night
Abdullah Ibrahim (p), Robin Eubanks (tb), John Stubblefield (fl,
ts), Horace Alexander Young (ss, as, piccolo), Howard Johnson,
(tuba, tp, bar-s), Buster Williams (b), Brian Adams (dr)
Englewood Cliffs, New Jersey, 1. Juni 1989

Zwar wird in Fachkreisen gerne über die afrikanischen
Wurzeln des Jazz philosophiert, besonders dann, wenn es
um Kulturpolitik geht (Stichwort: Wynton Marsalis). Die
afrikanischen Musiker, die in der internationalen Szene
nachhaltig haben Einfluss nehmen können, lassen sich jedoch an zwei Händen abzählen. Einer davor ist Abdullah
Ibrahim. Geboren 1934 als Adolphe Johannes ›Dollar‹
Brand im südafrikanischen Kapstadt, hat er sich vom Pia-
no-Bar-Spieler über die Jazz Epistles bis hin zu den Groß-
projekten der Neunziger emporgearbeitet und dabei eine
Reihe von Spuren in der Jazzwelt hinterlassen. Zunächst
ein Bewunderer von Thelonious Monk und Zögling von
Duke Ellington, emanzipierte Ibrahim sich seit Mitte der
sechziger Jahre zunehmend vom Amerikanismus des Jazz
und entwickelte eigene Kompositions- und Darstellungs-
muster. »African River« steht dabei am Wendepunkt zwischen den Stilerkenntnissen seiner kulturellen Selbstfin-
dungsphase und dem abgeklärten Spätwerk. Das Album
ist zum einen beseelt von der immensen Energie, die vor
allem die vier Bläser an den Tag legen. Es arbeitet mit zy-
klischen Harmoniefolgen und Wiederholungsmotiven
(*Toi-toi*), pastoraler, sextengeprägter Harmonik (*Chisa*)
und Ellington-inspirierter enger Führung der Melodiein-
strumente (*African River*) und bezieht sogar südamerika-

nische Rhythmen auf südafrikanische Wurzeln zurück
(*Sweet Samba*). Auf der anderen Seite sind mit *Joan –
Capetown Flower* und *Duke 88* bereits die beiden Themen
ausgeführt, die Ibrahim in den folgenden Jahren in immer
neuen Variationen modifizieren wird. Als Pianist hält er
sich bis auf Intros und Phrasierungen im Hintergrund
(*The Wedding, The Mountain Of The Night*) und lässt
den virtuosen Kollegen seiner Band Ekaya wie dem Posaunisten Robin Eubanks den Vortritt, um sich auf die
Leitung und die Arrangements zu konzentrieren. So wird
»African River« zu einer Art Musteralbum von Ibrahims
Idee der gegenseitigen musikkulturellen Ehrfurcht auf
afrikanischer Klangbasis.

Al Jarreau
Glow

Warner Reprise Rep 54073

Rainbow In Your Eyes / *Your Song* / *Agua De Beber* / *Have You
Seen The Child* / *Hold On Me* / *Fire And Rain* / *Somebody's
Watching You* / *Milwaukee* / *Glow*
Al Jarreau (voc), Tom Canning (e-p), Joe Sample (p, organ), Larry
Nash (synth), Larry Carlton (g), Wilton Felder, Willie Weeks,
Paul Stallworth (b), Joe Correro (dr), Steve Forman (tamburin),
Ralph MacDonald (perc)
Hollywood, Sound Labs & Capitol Recording Studios, Februar/
Mai 1976

»Glow« hat mehr Menschen zum Jazz bekehrt als mehrere Dutzend andere Alben zusammen. Nach dem Solo-De-
büt »We Got By«, das im Jahr zuvor die Kritiker begeistert hatte, gelang Al Jarreau (*1940) 1976 eine bis dahin
kaum gekannte Symbiose aus Soulgesang, Funkyness, Im-

provisation und Publikumswirksamkeit. Damals war er bereits promovierter Psychologe und hatte über diverse mehr oder weniger erfolglose Bar-, Jazz- und Rockprojekte eine eigenständige Gesangstechnik entwickelt. Sie ging auf Phrasierungsmuster von Vokalgruppen wie Lambert, Hendricks & Ross zurück, reichte aber in der rhythmischen Differenzierung und stilistischen Breite weit darüber hinaus. Ausgangspunkt war das leicht nasale Timbre seiner Stimme, das er in hohen Lagen wirkungsvoll zum Schrei öffnen konnte. Er erweiterte den Scatgesang um Nebengeräusche der Stimme wie Atmen, Glucksen, Kieksen, um raue Krächzer und Mouth Percussion, konnte aber ebenso makellos artikulieren. Seine Variationskompetenz stellte er nicht marktschreierisch in den Vordergrund, sondern integrierte sie in den Fluss der Musik. Der Produzent Tommy LiPuma wiederum brachte ihn mit der passenden Studioband zusammen, die mit Wilton Felder und Joe Sample von den Crusaders, dem trocken groovenden Joe Correro am Schlagzeug und Funk-Profis wie Larry Carlton und Ralph McDonald eine passende Basis für Jarreaus Temperament bot. Das Repertoire war geschickt gemischt, Klassiker wie Elton Johns *Your Song* und Jobims *Agua De Beber* standen neben eigenen Liedern wie *Milwaukee* oder *Have You Seen The Child*. Für die Zeit vor Bobby McFerrin ungewöhnlich war außerdem das Stimmen-Solo *Hold On Me*, mit dem Jarreau manche Effekte seines Nachfolgers vorwegnahm (rhythmisches Atmen, Registersprünge). Der eigentliche Punkt war aber der geerdete, rhythm-&-bluesige Sound der Band, der perfekt zum natürlichen Soulfeeling Jarreaus passte. »Glow« ist daher das eigentliche Debüt des Sängers, souveräner als »We Got By« und nicht so angestrengt funky wie die Nachfolger.

Keith Jarrett

The Köln Concert

ECM 1064/65

Part I / Part IIa / Part IIb / Part IIc
Keith Jarrett (p)
Köln, Oper, 24. Januar 1975

Die Experten streiten sich bis heute. Für die meisten Jarrett-Spezialisten sind die Konzerte, die in Lausanne (März 1973) und Bremen (Juli 1973) stattfanden, wesentlich substanzieller und wegweisender als das berühmt gewordene Pendant aus Köln. Tatsächlich hatte der Pianist aus Allentown in Pennsylvania damals bereits die Grundlagen seines Solo-Konzeptes ausgearbeitet und sogar explizit im Beiheft formuliert: »Die ganze Musik wurde in einer sich entwickelnden Art aufgenommen, nichts wurde wiederholt (wie ich es bei allen meinen Solo-Konzerten halte) und es wurde noch nie zuvor gespielt, ganz gleich ob man es als Oper oder ein wohltemperiertes Klavier klassifiziert. [...] Es ist sicher nicht beabsichtigt, davon eine Million Exemplare zu verkaufen«. Als er sich dann in Köln an den Flügel setzte, hatte er allerdings rund 50 Solo-Konzerte hinter sich und die Arbeitsweise am Instrument perfektioniert. Keith Jarrett (*1945) folgte einer Mischung aus freiem motivischem Fluss und konsequenter Ausarbeitung musikalischer Ideen. Seine Spontan-Kompositionen waren stimmungshaft angelegt, basierten auf ostinaten Figuren der linken Hand, die er mit der rechten kommentierte und widerlegte, variierte und übersteigerte. Ihnen wurden etwa in *Part I* ruhige, kaum merkliche, zwischen zwei Chords changierende harmonische Flächen gegenübergestellt, auf denen wiederum narrative, repetitive Melodie- und Improvisationsmäander entwickelt werden konnten. Der zweite Teil begann mit einem rhythmisch

akzentuiert gehämmerten 1–4-Ostinato in der linken
Hand, über dem sich die rechte austobte, mündete dann in
eine retardierende Fortsetzung, die die Stimmung und
rhythmische Gliederung des Anfangs wieder aufnahm und
in ein pathetisches, oszillierendes Finale überging, das leise, verhalten, meditativ endete. Der *Part IIc* schließlich ist
ein unabhängiges, schwebendes Albumblatt, das seiner-
seits im Pianissimo ausläuft. Jarretts Gefühl und Erfahrung mit dem Spannen weiter dramatischer Bogen ver-
klammerten das assoziative Moment mit einer überge-
ordneten Struktur, wobei »The Köln Concert« mehr mit
verständlicher, auch von Laien nachvollziehbarer Motivik
arbeitete als frühere Solo-Experimente. So kam es vielleicht, dass dieses Album eines der erfolgreichsten der
Jazzgeschichte wurde, das die magische Marke der Million
verkaufter Exemplare längst überschritten hat.

Keith Jarrett

Standards, Vol. 1

ECM 1255

*Meaning Of The Blues / All The Things You Are / It Never En-
tered My Mind / The Masquerade Is Over / God Bless The Child*
Keith Jarrett (p), Gary Peacock (b), Jack DeJohnette (dr)
New York City, Power Station, Januar 1983

In jungen Jahren gehörte Keith Jarrett (* 1945) zu den
Trendsettern des Klavierspiels. An der Seite von Charles
Lloyd und Miles Davis wirkte er Ende der Sechziger an
der Stilfindung des Jazzrocks mit. Zu Beginn der Siebziger
formulierte er mit einer Reihe von Konzerten ohne Begleitung den Regelkanon des Solo-Klavierspiels um. Und

auch ein Jahrzehnt später wagte er ein ungewöhnliches Projekt. In einer Zeit, da die meisten Kollegen sich an den Soundmöglichkeiten der boomenden Synthesizer ergötzten, die späte Avantgarde bis zur Reizüberflutung weiterführten oder sich gar zum kommerziellen Lager bekehren ließen, wandte Jarrett sich dem scheinbar Uncoolsten zu, was die Jazztradition zu bieten hatte: Er spielte Standards im Trio. Das war eine Disziplin, von der man landläufig meinte, dass seit Bill Evans kaum noch etwas wirklich Essenzielles geschehen sei und dass deren Höhepunkte vor allem in der Glanzphase vom späten Swing bis zum verglühenden Hardbop zu finden wären. Die Kombination näherte sich gar dem Ruf von Loungemusik, von Gedudel für Geschäftsreisende mit nostalgischem Flair. Mit Jarrett jedoch änderte sich die Situation. Denn was er auf »Standards, Vol. 1« bot, beeinflusste die Hörgewohnheiten. Mit unwerfender Lässigkeit adaptierten er, Gary Peacock am Kontrabass und Jack DeJohnette am Schlagzeug fünf Klassiker des Great American Songbook und verhalfen ihnen zu zeitgemäßer Lebendigkeit. Dabei kam ihnen zugute, dass alle drei ausreichend Erfahrung mit experimentellen Formen des Jazz mitbrachten, stilistisch keine Beschränkungen kannten und auf einer metaformalen Basis miteinander kommunizieren konnten, die eine unmittelbare Intensität des gemeinsamen Ausdrucks ermöglichte. Die Vorbilder waren klar. Ein harmonisch changierendes swingend fließendes Klavier-Intro wie bei *All The Things You Are* war eine deutliche Reverenz an den drei Jahre zuvor verstorbenen Evans. Die sich systematisch über ostinaten Grundmustern steigernden Improvisationen wiederum knüpften an Jarretts Solo-Konzeptionen an, ebenso wie die Rubato-betonte Art der Themenbearbeitung. Und die funky jazzende Version von *God Bless The Child* war schlicht ein Meisterwerk. »Standards Vol. 1« machte auf diese Weise den Weg frei für eine mit Verzögerung in den Neunzigern einsetzende Welle der Trio-Einspielungen, sowohl von Jarrett selbst wie von zahlreichen Adepten, die wie Brad Mehldau, Jacky Terrasson oder Esbjörn Svensson auf dem ästhetischen Befreiungsschlag des Trendsetters mittelbar oder direkt aufbauen konnten.

Jan Johansson

Folkvisor: Jazz På Svenska / Jazz På Ryska

Heptagon HECD-000

Jazz På Svenska: *Visa Från Utanmyra / Gånglek Från Älvdalen / Polska Från Medelpad / Visa Från Rättvik / Brudmarsch Efter Larshöga Jonke / Vallåt Från Jämtland / Emigrantvisa / Berg-Kirstis Polska / Leksands Skänklåt / Gammal Bröllopsmarsch / Visa Från Järna / Polska Efter Höök Olle*
Jan Johansson (p), Georg Riedel (b)
Stockholm, 28. Februar 1962 / 18. Oktober 1963 / 6. Mai 1964

Jazz På Ryska: *Nära Hemmet / På Ängen Stod En Björk / Stepp, Min Stepp / Bandura / Längs Floden / Det Går En Kosack / Mellan Branta Stränder / Pråmdragarnas Sång på Volga / Jag Broderade Till Gryningen / Kvällar I Moskvas Förstäder / Entonigt Klingar Den Lilla Klockan / Ströva Omkring*
Jan Johansson (p), Arne Domnérus (cl), Bo Broberg (tp), Lennart Åberg (ts), Georg Riedel (b), Egil Johansen (dr)
Stockholm, 1. September 1967

Jan Johansson (1931–1968) war in den sechziger Jahren einer der bekanntesten Musiker Skandinaviens. Zum einen hatte er als Fernsehkomponist etwa mit dem Thema zu der Serie ›Pippi Langstrumpf‹ einen Erfolgsohrwurm geschaffen. Mindestens genauso wesentlich, wenn auch für eine andere musikalische Klientel, waren aber seine Versuche, die Melodien der schwedischen Volksmusik in einen improvisierten Kontext zu stellen. Dabei gelang ihm mit »Jazz

På Svenska« ein Geniestreich, der sich nicht nur hunderttausendfach verkaufte, sondern klangästhetisch bis in die Gegenwart die Vorstellung von skandinavischem Jazz prägte. Johansson hatte Ende der Fünfziger in Kopenhagen eng mit Stan Getz zusammengearbeitet, war sogar als erster Europäer überhaupt mit Norman Granz' »Jazz At The Philharmonic«-Tross auf Tour gewesen, bevor er sich 1961 in Stockholm niederließ. Die Jahre bis zu seinem tödlichen Autounfall am 9. November 1968 erwiesen sich als sehr produktiv. Mehr als 20 Alben nahm er auf, mit jazzigen und kammermusikalischen Schwerpunkten. Der aus der Kleinstadt Söderhamn stammende Johannsson interessierte sich für die Musik seiner Heimat zu einer Zeit, als der Rest der Szene die Erfüllung und Absetzung von den amerikanischen Vorbildern in der Avantgarde suchte. Es waren Melodien, die von Trollen (*Berg-Kirstis Polska*), einheimischen Musikern (*Polska Efter Höök Olle*) oder Dörfern (*Visa Från Utanmyra*) erzählten und die Johansson mit einer Mischung aus Bach'scher oder Grieg'scher Feinheit und improvisierender Offenheit im Duo mit dem Bassisten Georg Riedel interpretierte. Der Duktus war getragen, sanft, ein wenig verhallt. Johansson spielte stilistisch erstaunlich autark, blieb im Idiom der schlichten, mollbetonten Harmonik, die er allerdings durch fließende, kokett ornamentierende Melodik ergänzte. Auf diese Weise schuf er das Vorbild für verschiedene Personalstile von Bobo Stenson über Bugge Wesseltoft, ja sogar bis zum Bretagne-Jazzer Didier Squiban, die sich an den kargen Klangräumen von »Jazz På Svenska« orientierten. Für die CD-Version wurde dieses Experiment mit einer Fortsetzung kombiniert, die im größeren Bandkontext das Konzept auf russische Melodien übertrug. Wieder fällt die Ehrfurcht auf, mit der Johansson die Originale behandelt, wenn auch hier deutlich avantgardistische Töne zu hören sind. Grundlegend jedoch war die schwedische Variante, die zum Anfangspunkt einer neu wachsenden Identität skandinavischer Jazzmusiker wurde.

J. J. Johnson / Kai Winding

The Great Kai & J. J.

Impulse 951225-2

*This Could Be The Start Of Something / Georgia On My Mind /
Blue Monk / Judy / Alone Together / Side By Side / I Concen-
trate On You / Theme From Picnic / Trixie / Going, Going,
Going! / Just For A Thrill*
J. J. Johnson, Kai Winding (tb), Bill Evans (p), Paul Chambers,
Tommy Williams (b), Roy Haynes, Art Taylor (dr)
Englewood Cliffs, New Jersey, 2./4./9. November 1960

Bis zu dem Tag, als J. J. Johnson (1924–2001) sich in den
Kreisen der Bebop-Pioniere sehen ließ, hatte die Posaune
im Vergleich etwa zur Trompete als schwerfälliges Instrument gegolten. Sicher hatten Musiker wie Kid Ory oder
Jack Teagarden dafür gesorgt, dass sie nicht völlig im
Bläsersatz der Swingorchester verschwand. Doch künstlerisch eigenständig wurde sie erst mit Johnson, dessen ge-
schmeidige Geläufigkeit und melodischer Einfallsreichtum
die Wahrnehmung der Posaune im Bandzusammenhang
veränderte. Und erstaunlicherweise gab es gleichzeitig,
aber unabhängig von dem Schwarzen aus Indianapolis einen weißen dänischen Einwanderer, beinahe gleichaltrig,
der über andere Ausbildungen und Kontakte einen ähnlichen Personalstil entwickelt hatte. Kai Windings (1922–
1983) Posaune klang ein wenig heller als die von Johnson,
aber doch immer noch vergleichbar genug, dass sie miteinander verwechselt wurden. Im Jahr 1944 trafen sich die
beiden Konkurrenten zum ersten Mal, ein Jahrzehnt später taten sie sich im Quintett zu einer Band zusammen,
triumphierten 1956 in Newport, gingen wieder eigene
Wege, trafen sich jedoch in unregelmäßigen Abständen
wieder. So kam es im November 1960 zu den Aufnahmen
ihrer entspanntesten Langspielplatte. Drei Tage wurde bei

Rudy van Gelder gearbeitet, am ersten mit Paul Chambers am Bass und Roy Haynes am Schlagzeug, während der anderen beiden mit dem Gespann Tommy Williams (b) und Art Taylor (dr) als Rhythmusfundament. Durchgehend saß außerdem der Piano-Newcomer Bill Evans am Klavier, der ein knappes Jahr zuvor durch Miles Davis' »Kind Of Blue«-Sessions bekannt geworden war. Großartig war das Zusammenspiel der beiden Bläser, inspiriert von einer intuitiven Harmonie, die jeden Einsatz telepathisch sicher erscheinen ließ. Der Tenor des Albums war ruhig, unaufgeregt, und so versuchte keiner der Beteiligten, über den anderen musikalisch zu bestimmen. Evans legte seine gepflegt offenen, quartbetonten Akkorde unter den homogenen Klangkörper der Posaunen, war sogar – ein Kuriosum am Rande – gehalten, den Song *Blue Monk* von seinem Antipoden Thelonious Monk anzustimmen. Egal ob Blues (*Georgia On My Mind*), ⁵⁄₈-Swing (*Trixie*), Balladenklang (*Alone Together*) oder weniger bekannte Songs (*Theme From Picnic*) –, immer wirkten die Bläser wie musikalische Zwillinge aus einem Geiste der Interpretation, so dass »The Great Kai & J. J.« ein wohlbalanciertes, ausgewogen cooles, aber nicht kühles Meisterwerk werden konnte.

Stan Kenton

New Concepts Of Artistry In Rhythm

Capitol CDP 792865 2

Prologue (This Is An Orchestra!) / Portrait Of A Count / Young Blood / Frank Seaking / 23°N-82°W / Taboo / Lonesome Train / Invention For Guitar And Trumpet / My Lady / Swing House / Improvisation / You Go To My Head

Conte Candoli, Buddy Childers, Maynard Ferguson, Don Dennis, Ruben McFall (tp), Bob Fitzpatrick, Keith Moon, Frank Rosolino, Bill Russo (tb), George Roberts (b-tb), Lee Konitz, Vinnie Dean (as), Richie Kamuca, Bill Holman (ts), Bob Gioga (bar-s), Stan Kenton (p), Sal Salvador (g), Don Bagley (b), Stan Levey (dr), Derek Walton (conga), Kay Brown (voc, nur # 7)
Chicago, 8./10./11./15./16. September 1952

Stan Kenton (1912–1979) war der Strukturalist unter den Bandleadern. Er interessierte sich für Form, Inhalt, Klang, im weiteren Sinne für Kunst, die sich mit einem Jazzorchester gestalten ließ. Swing und Unterhaltung hingegen waren zweitrangig, ein Nebenprodukt eines gut funktionierenden Konzepts oder Arrangements. Seine Ensembles funktionierten nur mit strenger Disziplin, gaben aber andererseits vielen jungen Talenten eine Chance. Die Liste der berühmten Musiker aus der Kenton-Schmiede ist daher lang und reicht von Anita O'Day über Art Pepper bis Maynard Ferguson und Kai Winding. Nach dem Popularitätseinbruch der Big Bands Mitte der Vierziger und verschiedenen kurzlebigen großformatigen Projekten stellte Kenton 1952 für das Album »New Concepts Of Artistry In Rhythm« das beste, weil homogenste Orchester zusammen, das ihm über die Jahre gelang. Und er präsentierte es in einem ausführlichen *Prologue* als »Group Of Personalities«, die mit dem Ziel eines neuen, druckvollen Ensembleklangs ihre kollektive Kreativität zu einem Klangkörper vereinte. Mit jeweils fünf Trompeten, Posaunen und Saxofonen war die Brass Section umfangreich besetzt und wurde von Kenton und den überwiegend von Russo gestalteten Arrangements dynamisch voll genützt. Vor allem in den Tutti bevorzugten die Trompeten auffällig hohe, scharf klingende Lagen und hurtige Unisoni, die dem gesamten Klangempfinden einen klar konturierten, intellektuell konstruierten Charakter gaben. Wo bei Count Basie einzelne Orchesterspitzen als Akzent gedacht waren, wurden sie bei Kenton zum typischen, häufig verwendeten Stilmerkmal. Dazu kamen die Kontraste kontrapunktischer Linien ganzer Bläsergruppen zu den Improvisationen einzelner Solisten, die etwa im Zusammenklang mit Lee Konitz' sanften Phrasierungen reizvolle unboppige Farben ergaben, außerdem die harmonisch und strukturell aufwändigen, sich weit vom Song- und Bluesschema des Bebops entfernenden Kompositionen, überhaupt die am quasi-klassischen Third Stream orientierten Motivarbeiten, die »New Concepts Of Artistry In Rhythm« zu einem verkopften, aber folgenreichen Album werden ließen. Denn sowohl Bands von Mitwirkenden wie Maynard Ferguson oder Bill Holman, als auch Klangarbeiter wie Gil Evans haben viel von Kenton gelernt.

Barney Kessel

Plays »Carmen«

Original Jazz Classics OJC 269 (C-7563)

Swingin' The Toreador / A Pad On The Edge Of Town / If You Dig Me / Free As A Bird / Viva El Toro! / Flowersville / Carmen's Cool / Like There's No Place Like This / The Gypsy's Hip
Buddy Collette (fl, cl), Bill Smith (cl, b-cl), Jules Jacob (oboe, cl), Pete Terry (b-cl, bassoon), Justin Gordon (ts, fl, alto-fl), Chuck Gentry (bar-s), Ray Linn (tp), Harry Betts (tb), Herb Geller (as), Barney Kessel (g), Victor Feldman (vib), André Previn (p) Joe Mondragon (b), Shelly Manne (dr)
Los Angeles, Contemporary Studio, 19./22. Dezember 1958

Seit es ihn gab, kämpfte der Jazz mit seinem Kunstanspruch. Vor allem die Differenz zur vermeintlichen Hochkultur in den Konzerttempeln der Bürgerlichkeit machte ihm zu schaffen und sorgte von George Gershwin über

Gunther Schuller bis zum Modern Jazz Quartet dafür, dass immer wieder mehr oder weniger ambitionierte Verbindungen zur notierten, sogenannten Sheet Music hergestellt wurden. Das klang häufig beherzt, manchmal peinlich wie etwa die vielen Versuche, improvisierende Künstler »with strings« orchestral aufzubrezeln. Doch es gab auch Gegenbeispiele wie »Focus« von Stan Getz oder die »Carmen«-Bearbeitung des Gitarristen Barney Kessel (1923–2004). Denn dem Charlie-Christian-Adepten aus Oklahoma gelang genau die richtige Mischung aus Ehrfurcht vor dem Original und Frechheit der Interpretation, um beide musikalischen Lager gleichberechtigt in Beziehung treten zu lassen. Wenn ein ausgeschriebenes Thema wie *The Gypsy's Hip* (nach »Les tringles des sinistres tintaient«, 2. Akt) in ein hardboppiges Altsaxofon-Solo Herb Gellers kippt oder die pathetische Flöten-Habanera von *Free As A Bird* über Gitarren-Harmonisierungen in cool dahinfließenden Combo-Swing mündet, dann hat das etwas Organisches und überraschend Zwingendes, als wären die Melodien von George Bizet tatsächlich für die West-Coast-Jazzer der späten Fünfziger geschrieben worden. Kessel wählte dabei zwei verschiedene Ensembles, eines mit fünf Holz- und Blattbläsern für die ruhigen Passagen und eines mit Trompete, Posaune und drei Saxofonen für die druckvolleren Momente, die er jeweils mit ihm selbst und der Rhythmusgruppe kombinierte. Schließlich zitierte er noch das Klangbild des Modern Jazz Quartet, indem er den Vibrafonisten Victor Feldman als Solo-Gast einlud, der wiederum stilistisch deutlich an Milt Jackson anknüpfte. So entstand alles in allem eine wunderbar ungezwungene Bearbeitung eines Opernklassikers, wobei Kessel selbst sich in den ›Liner Notes‹ höflich bei allen Puristen entschuldigte: »Ich hoffe, dass dieses Album den Jazzfans Spaß macht und die Freunde von Bizets Musik nicht verprellt. Ich habe versucht, nirgendwo dessen großartige Melodien aus den Augen zu verlieren, während ich

ein zufriedenstellendes Vehikel für Jazzimprovisation entwickelte. Und ich würde mich freuen, wenn der Hörer
spürt, dass das sowohl ein Stück von Bizet als auch von
mir ist.« Tut er, mit einem Lächeln auf den Lippen.

Roland Kirk
Domino
Verve 543 833-2

*Domino / Meeting On Termini's Corner / Time / Lament / A
Stritch In Time / 3-in-1 Without The Oil / Get Out Of Town /
Rolando / I Believe In You / E. D.*
Roland Kirk (sax, woodwinds), Andrew Hill (p, # 1–6), Wynton
Kelly (p, # 7–10), Vernon Martin (b), Henry Duncan (dr)
Chicago, Ter-Mar Studio, 6. September 1962 (# 1–6)

*Where Monk And Mingus Live – Let's Call This / Domino / I
Didn't Know What Time It Was (3 takes) / Someone To Watch
Over Me (2 takes) / Termini's Corner (4 takes) / When The Sun
Comes Out (3 takes) / Time Races With Emit*
Roland Kirk (sax, woodwinds), Herbie Hancock (p), Vernon Mar-
tin (b), Roy Haynes (dr)
New York, Nola Recording Studio, 17./18. April 1962

Roland Kirk (1936–1977) konnte man in New York auch
als Straßenmusiker treffen, mit drei Saxofonen gleichzeitig
im Mund abgefahrene Bläsersätze übend. Seit seinem
zweiten Lebensjahr blind, hatte er zunächst Trompete,
dann Klarinette, schließlich Saxofon gelernt und seitdem
ständig sein Instrumentarium um ungewöhnliche Instrumente wie Nasenflöte, Manzello, Whistle, Stritch erweitert. Über den Pianisten Ramsey Lewis bekam er 1960 seine erste Studiosession unter eigenem Namen vermittelt,

nachdem er zuvor mit verschiedenen Rhythm-&-Blues-Formationen durch die Clubs getingelt war. Das Debüt »Introducing Roland Kirk« wurde von der Szene wohlwollend aufgenommen, auch wenn die Puristen die extravaganten Klangexperimente als Tingeltangel abtaten. Nach einem kurzen Intermezzo in der Band von Charles Mingus (»Oh Yeah«, 1961) und verschiedenen Festivalauftritten galt Kirk als kultig und durfte immer häufiger im Studio seine Arbeit dokumentieren. So entstanden im Jahr 1962 zwei Meisterwerke seiner Diskografie: »Funk Underneath«, eine soulbluesige Quartettscheibe mit dem Organisten Jack McDuff, und »Domino«, das in repräsentativer Form die Facetten seiner Stil- und Instrumentalexkurse darstellte. Da war zum Beispiel das Titelstück, ein zum Jazzwalzer verarbeitetes Chanson, das ihn am – dem Sopransaxofon ähnlichen – Manzello vorstellte und mit der Flöte überblasene, übersungene, perkussiv erweiterte Töne gestalten ließ. *Meeting On Termini's Corner* war ein funkboppiges Original, bei dem mehrere Saxofone gleichzeitig zum Einsatz kamen, *Time* eine lyrische Flötenballade, *Lament* ein Late-Night-Bop, der zwischen Lester-Young-Sentiment und souljazziger Coolness oszillierte, *A Stritch In Time* wiederum eine spitzfindige Coltrane-Anspielung im Dreiertakt am Stritch, einem in der Bauart dem Sopran gleichenden Altsaxofon. Andrew Hill begleitete ihn harmonisch dicht und orientierte sich solistisch am Akkordstil von McCoy Tyner, Wynton Kelly blieb eher funky Single-Note-betont. Für die CD-Ausgabe wurden den zehn Originalstücken des Albums noch zahlreiche weitere Takes hinzugefügt, die mit anderer Besetzung an denselben Terminen stattfanden und etwa im Fall des Titelstücks komplett unterschiedliche Versionen festhielten. Das ändert aber nichts daran, dass bereits das Kernalbum eine perfekt in sich ausgewogene Visitenkarte eines Künstlers darstellte, der sich in kein Schema pressen ließ.

Lee Konitz

Motion

Verve 065510-2

I Remember You / All Of Me / Foolin' Myself / You Don't Know
What Love Is / You'd Be So Nice To Come Home To / Out Of
Nowhere / I'll Remember April / It's You Or No One
Lee Konitz (as), Sonny Dallas (b), Elvin Jones (dr)
New York, 29. August 1961

Die Diskografie von Lee Konitz (*1927) gehört zu den
längsten des Jazz. Angefangen hatte er in den späten Vierzigern, unter anderem im Gefolge des Stilpioniers Lennie
Tristano, und blieb seitdem ein Dauergast vor den Mikrofonen. Dabei zeichnete sich der Altsaxofonist aus Chicago von Anfang an durch musikalische Eigenständigkeit
aus, die sich nicht von dominierenden Zeitgenossen wie
Charlie Parker beeinflussen ließ. Konitz' Stärke ist das
ausgeprägte strukturelle Bewusstsein, eine unerschöpfli-
che melodische Phantasie, eine außergewöhnliche Fähigkeit zur dynamischen Differenzierung und Binnengestal-
tung des Tons. Neben den seit den sechziger Jahren zu-
nehmenden Experimenten in Duo-Besetzungen ist daher
vor allem eine spontane Session vom August 1961 typisch
für seine Ausdrucksvielfalt. Damals jammte Konitz einen
Nachmittag lang mit zwei seiner bevorzugten Begleitern,
dem Bassisten aus dem Zoot-Sims-/Tristano-Umkreis
Sonny Dallas und dem zum Coltrane-Schlagzeuger aufge-
stiegenen Elvin Jones. Für alle Beteiligten war es das erste
gemeinsame Treffen, daher suchten sie ein Standardreper-
toire als Folie des Zusammenspiels aus, das man auch bei
einem normalen Club-Gig hätte erleben können. Der
Rest blieb der Intuition und dem gegenseitigen Zuhören
überlassen. »Nur mit Bass und Schlagzeug zu spielen lässt
mir am meisten Raum zu entscheiden, in welche Richtung

ich gehen möchte, ein Harmonieinstrument würde mich dabei nur behindern«, kommentierte Konitz die ungewöhnliche Besetzung im Booklet. Mit Umsicht verstand er es, standardisierte Licks zu vermeiden, um jeder Wendung eine neue, gegenwärtige Dimension abzugewinnen. Obwohl er nahezu immer Achtel spielte und rhythmisch vor allem durch Akzentuierungen variierte, wirkten alle sechs Stücke der LP und die beiden Bonus-Tracks der CD (*You Don't Know What Love Is*, *It's You Or No One*) wie umfassende Spontan-Kompositionen. Die Harmonien wurden, wenn überhaupt, über das Zusammenwirken von Bass und Saxofon angedeutet, waren aber im Kern angesichts des melodischen Fokus von Konitz' Linien sekundär. Jones wiederum passte als sich ständig selbst kommentierender Polyrhythmiker ideal in das transparente musikalische Konzept der anderen. Dallas wiederum beschränkte sich auf ausladende, aber verlässlich swingende Walking-Linien. Die Nachmittagssession vom 29. August 1961 setzte somit den Maßstab für zahlreiche nachfolgende Alben, die im Gefolge der Loslösung von den Zwängen der Form entstanden.

Steve Lacy

Reflections

OJCCD-062-3

Four In One / *Reflections* / *Hornin' In* / *Bye-Ya* / *Let's Call This* / *Ask Me Now* / *Skippy*
Steve Lacy (ss), Mal Waldron (p), Buell Neidlinger (b), Elvin Jones (dr)
Hackensack, New Jersey, 17. Oktober 1958

Das Sopransaxofon hatte einen schlechten Ruf, als Steve Lacy (1934–2004) sich ihm zu widmen begann. Es gab zwar Sidney Bechet als markante Gestalt der frühen Jahre, und auch Musiker wie Johnny Hodges und Woody Herman nahmen es gelegentlich zur Hand. Doch sie verwendeten es als Klangfarbe, nicht als ernstzunehmendes Solo-Instrument. Lacy wäre womöglich auch bei einem der größeren Saxofon-Brüder gelandet, hätte er nicht einen eigenartigen stilistischen Sprung vollzogen. Fasziniert von Bechet spielte er 1953 zunächst Dixieland, traf aber im folgenden Jahr auf den Pianisten Cecil Taylor und schloss sich dessen Band an. So wechselte er ohne die klassischen Zwischenstationen Swing und Bebop vom Oldtime direkt ins experimentelle Lager und blieb einfach bei dem Instrument, mit dem er schon begonnen hatte. Ein Bindeglied allerdings gab es doch, und das war die Musik von Thelonious Monk. Lacy fühlte sich herausgefordert von den unüblichen Motiven und Harmonieführungen, den brachialen Harmoniekontrasten und harten Wechseln, die die Kompositionen des pianistischen Sonderlings kennzeichneten. Und so wurde er einer der ersten konsequenten Interpreten von Monks Musik – 1960 auch kurzfristig dessen musikalischer Partner –, zu einer Zeit, als der Meister selbst noch Schwierigkeiten hatte, über die Spezialistenkreise hinaus ernst genommen zu werden. »Reflections« hatte daher in mehrfacher Hinsicht Bedeutung. Zunächst markierte das Album den künstlerischen Durchbruch Lacys. Zugleich unterstrich es Monks Bedeutung als Komponist und schließlich stellte es das bisher missachtete Sopransaxofon in neuem Licht dar. Denn Lacy erwies sich als melodisch eigenständiger Solist mit Mut zu unkonventionellen Ideen. Ein Einstieg aus den obersten Lagen seines Instruments wie in der Ballade *Ask Me Now* war ebenso unüblich wie seine intervallisch extremen Linien etwa in *Hornin' In*. Mit einer Vorliebe für fließende Achtellinien zum Teil über Substitutionsarten und verschiedene Alterationen inspirierte er John Coltrane ebenso, wie er Eric Dolphys Harmonieverständnis vorwegnahm. Im Miteinander mit dem spröde und kantig phrasierenden Mal Waldron, dem alten Bekannten aus Taylor-Zeiten Buell Neidlinger am Bass und dem ständig sich und die anderen kommentierenden Drummer Elvin Jones entstand daher ein Album, das im Jahr 1958 durchaus noch verstörend wirkte, gleichzeitig aber den Weg festlegte, auf dem Lacy und nach ihm ganze Kohorten von Sopransaxofonisten weitergehen sollten.

Charles Lloyd

The Water Is Wide

ECM 1734

Georgia / The Water Is Wide / Black Butterfly / Ballade And Allegro / Figure In Blue / Lotus Blossom / The Monk And The Mermaid / Song Of Her / Lady Day / Heaven / There Is A Balm In Gilead / Prayer
Charles Lloyd (ts), Brad Mehldau (p), John Abercrombie (g), Larry Grenadier (b), Billy Higgins (dr)
Los Angeles, Cello Studios, Dezember 1999

Charles Lloyd (* 1938) wollte ein besonderes Quintett im Studio versammeln. Am Klavier sollte Brad Mehldau sitzen, dem nach einem erstaunlichen Karrierestart in den Neunzigern eine große Zukunft als lyrisch sensibler Begleiter und gefühlsintensiver Solist vorausgesagt wurde. Für den Bass war dessen Trio-Partner Larry Grenadier vorgesehen, auch er ein Newcomer mit Gespür für melodische Finesse. Für die Gitarre dachte Lloyd an John Abercrombie, von dessen subtil anarchischem Soundgefühl er sich bei mancher Interpretation erst die besondere Note versprach. Am Schlagzeug war Billy Higgins der ideale Mann, der als Veteran der Hardbop-Ära zu den vielgefragten Impulsgebern seiner Generation gehörte. Mehr als ein Jahr lang wurden Tourneepläne gewälzt und Terminkalender abgestimmt, bis es gelang, das Wunschensemble im Studio zu versammeln. Im Dezember 1999 war es dann so weit und man traf sich zum Ortstermin in Los Angeles. Drei Tage hatten sich die Musiker gegeben und es wurde eine enorm produktive Zeit, in der es dem Ensemble gelang, sich zu einer perfekt bis in die emotionale, intellektuelle Nuance hinein harmonierenden Einheit zu entwickeln. Das lag an der Kombination von Gelassenheit und Konzentration, mit der die Musiker zu Werke gingen. Lloyd verzichtete auf instrumentales Muskelspiel und widmete sich dafür detaillierten Nuancierungen des Tons und pointierten Ornamentierungen der Melodien. Souverän und humorvoll ließ er die Musik wirken und wachsen, bis etwa Billy Strayhorns *Lotus Blossom* oder Hoagy Carmichaels *Georgia* in ganzer Vielfalt schillern konnten. Das Greenhorn Mehldau wiederum forderte er zu balladesker Intensität heraus, die ein Duo wie *The Monk And The Mermaid* zum dialogischen Höhepunkt sich ergänzender Kommunikation werden ließ. Abercrombie und Higgins schließlich erwiesen sich als ausgezeichnete, gekonnt spröde Begleiter und luzide Solisten, die den ruhigen Charakter des Albums mit Charme unterminierten. »The Water Is Wide« wurde auf diese Weise eine vielfarbige Aufnahme, die subtil swingend und voll innerer Wärme die Modern-Jazz-Tradition ins neue Jahrtausend trug.

Mahavishnu Orchestra

Inner Mounting Flame

CBS CK 65523

*Meeting Of The Spirits / Dawn / The Noonward Race / A Lotus
On Irish Streams / Vital Transformation / The Dance Of Maya /
You Know You Know / Awakening*
John McLaughlin (g), Jan Hammer (p), Jerry Goodman (vl), Rick
Laird (b), Billy Cobham (dr)
New York City, 14. August 1971

Spötter mögen über die spirituell überhöhten Hippie-Jah-
re lächeln, als Rock- und Jazzmusiker mit der Hoffnung
auf Erleuchtung scharenweise zu Gurus in den Fernen
Osten pilgerten. Im Fall von John McLaughlin (*1942) jedenfalls hatten die Mühen der Meditation etwas gebracht.
Nach den ersten Höhenflügen an der Seite von Tony Williams, Jimi Hendrix und vor allem in der Band von Miles
Davis – McLaughlin war ein tragendes Element der berühmten »Bitches-Brew«-Sessions im August 1969 – suchte der britische Gitarrist sein Glück beim indischen Heils-
lehrer Sri Chinmoy. Er kehrte daraufhin unter dem
Namen Mahavishnu in seine amerikanische Wahlheimat
zurück, gründete bald darauf das Mahavishnu Orchestra
und schuf damit eine der stilprägenden Combos der siebziger Jahre. Schon das Einstandswerk »Inner Mounting
Flame« sprengte den Rahmen der jazzrockenden Hörgewohnheiten. Selbst in Balladen wie *Dawn* oder *You Know
You Know* offenbarte sich eine Intensität des Zusammenspiels, die nicht nur Gitarristen vom Hocker riss. Legte
McLaughlin aber wie in *The Noonward Race* richtig los,
mit trocken verzerrtem Sound und spirituell inspirierter
Virtuosität, präsentierte er sich als in seiner Generation
einzigartiger Stilvisionär an der Gitarre. Das Besondere
am Mahavishnu Orchestra war allerdings nicht nur die in-

strumentale Kompetenz des Bandleaders, sondern das Gespür aller Beteiligten für die passenden Spannungsbogen und Steigerungsmomente. Billy Cobhams salvenartiges, kraftvolles Schlagzeug, der unaufdringliche, aber perfekt groovende E-Bass von Rick Laird, Jan Hammers Wechselspiel zwischen zerrendem Fender Rhodes und perlendem Klavierklang, schließlich die präsente, ein wenig exotisches Flair andeutende Geige von Jerry Goodman verknüpften sich mit McLaughlins Gitarreneskapaden zum kompakten, konzentrierten Gruppenklang, der zum Vorbild vieler Jazzrockcombos der Folgejahre wurde. So perfekt das Mahavishnu Orchestra harmonierte, so fragil waren allerdings auch die Positiv-Vibrations, die das Zusammenspiel ermöglichten. Nach gut zwei Jahren und drei Alben löste sich das Quintett auf und blieb trotz Nachfolgebands ein Glücksfall der Jazzgeschichte.

Albert Mangelsdorff

Three Originals

MPS 519 213-2

CD 1: The Wide Point: *The Up And Down Man / Mayday Hymn / Oh Horn! / I Mo' Take You To My Hospital And Cut Your Liver Out / Mood Indigo / The Wide Point / For Peter*
Albert Mangelsdorff (tb), Palle Danielsson (b), Elvin Jones (dr)
Waldorf, 1./2. Mai 1975

Triologue: *Triologue / Zores Mores / Foreign Fun*
CD 2: *Accidental Meeting / Ant Steps On An Elephant's Toe*
Albert Mangelsdorff (tb), Jaco Pastorius (el-b), Alphonse Mouzon (dr)
Berlin, Berliner Jazztage, 6. November 1976

Albert Live In Montreux: *Dear Mr. Palmer / Mood Azur / Stay On The Carpet / Rip Off*
Albert Mangelsdorff (tb), Jean-François Jenny-Clark (b), Ronald Shannon Jackson (dr)
Montreux, Montreux Jazz Festival, 16. Juli 1980

Schon in den Fünfzigern galt Albert Mangelsdorff (1928–2005) als eine der markantesten Musikerpersönlichkeiten des europäischen Jazz. Seit seinem Solo-Auftritt im Rahmenprogramm der Olympiade in München 1972 jedoch war er eine Sensation. Denn dort stellte er zum ersten Mal sein dreistimmiges Spiel auf der Posaune öffentlich vor. Die Kombination von gespieltem Ton, gesungenem Ton und dadurch entstehenden Obertönen hatte etwas Archaisches und zugleich Progressives und war einer der wesentlichen Impulse für Instrumentalisten seines Fachs. Mangelsdorff selbst wiederum bevorzugte in den folgenden Jahren das Trio als ideale, zugleich freie und kommunikative Ausdrucksform. Drei wichtige und sehr unterschiedliche Alben in dieser Konstellation wurden auf CD unter dem Titel »Three Originals« zusammengefasst. Es handelte sich in allen Fällen um spontan zusammengestellte Formationen, wobei Mangelsdorff mit einigen der Beteiligten bereits zuvor gearbeitet hatte. »The Wide Point« war eine Studioaufnahme mit dem Free-geschulten schwedischen Bassisten Palle Danielsson und dem früheren Coltrane-Drummer Elvin Jones. Der eine mit federndem, leichtem Ton, der andere mit opulenter Polyrhythmik, gaben sie der Posaune einen klar gegliederten, mal kontemplativ ekstatischen, mal bluesgetönten Rahmen bis hin zur Ellington-Ballade *Mood Indigo*, die durch die Dreistimmigkeit und den kompakten Klangrahmen eine der eigenwilligsten Interpretationen ihrer Geschichte erfuhr. Das Solo für den 1974 verstorbenen Bassisten Peter Trunk *For Peter* leitete dabei durch motivische Ähnlichkeit geschickt zum Opener von Mangelsdorffs erfolgreichster Platte dieser

Jahre über. »Triologue« brachte ihn auf den Berliner Jazz-tagen mit zwei Weather-Report-Veteranen zusammen, dem Bassgitarristen Jaco Pastorius und dem Drummer Alphonse Mouzon. Beide verordneten dem intellektuellen Spiel der Posaune eine Energiekur, wobei der singende Fretless-Ton des Basses und die trockenen Trommel-Sal-ven der Musik beinahe den Charakter eines Fusion-Kon-zertes gaben. Das dritte Trio in Montreux wiederum hatte seine Wurzeln deutlich in der Free-Bewegung und legte Wert auf freie Strukturfindung und offene Klangraument-wicklung. Im Kontrast zueinander zeigen sie über das ein-zelne Phänomen hinaus, warum Mangelsdorff internatio-nal so sehr geschätzt wurde. Denn seine Kombination aus Stilwillen, Offenheit und technischer Perfektion war ein-zigartig.

Branford Marsalis Quartet
Footsteps Of Our Fathers

Marsalis Music MARCD 3301

Giggin' / The Freedom Suite: Movement I – Interlude – Move-ment II – Movement III / A Love Supreme: Acknowledgement – Resolution – Pursuance – Psalm / Concorde
Branford Marsalis (ss, ts), Joey Calderazzo (p), Eric Revis (b), Jeff ›Tain‹ Watts (dr)
Bearsville (New York), Bearsville Studios, 1.–3. Dezember 2001

In der Diskussion um den Neotraditionalismus des ameri-kanischen Jazz fällt meistens der Name des Trompeters Wynton Marsalis. Sein älterer Bruder Branford (* 1960) hingegen gilt als profunder Modernist mit einer Prise Iro-nie in der Interpretation, der sich der eindeutigen Einord-

nung in stilistische Schubladen entzieht. Tatsächlich ist
sein System der musikalischen Selbstvergewisserung afroamerikanischer Musikkultur wesentlich subtiler angelegt
als das des umtriebigen Wynton, wenn auch mindestens
genauso effektiv im Resultat. Branford konzentriert sich
nicht auf die offensichtliche Aussage, nicht auf die Konnotationen von Kompositionen, sondern arbeitet musik-
immanent über die konsequente Weiterführung von Personalstilistiken und kollektiven Spielformen. »Footsteps
Of Our Fathers« ist in dieser Hinsicht ein programmatisches, erstaunliches Album. Die Auswahl des Repertoires
spannt einen weiten Bogen der Vorbilder des zeitgenössischen Jazz, der von John Lewis (*Concorde*) über Sonny
Rollins (*The Freedom Suite*) und Ornette Coleman (*Giggin'*) bis hin zum Heiligenschrein der improvisierenden
Moderne schlechthin reicht, John Coltranes *A Love Supreme*. Das ist gewagt, funktioniert aber, weil Marsalis
und sein Quartett die Kunst des kommentierenden Re-
spekts beherrschen. Spieltechnisch über die Zwänge ihrer
Instrumente erhaben, intellektuell lustvoll historisch, gelingt den Musikern in allen vier Fällen, sowohl den Geist
des Originals einzufangen als auch ihn aus der Warte der
Söhne weiterzuführen. *Concorde* bildet die Coolness des
Modern Jazz Quartet ab, fügt ihr aber eine Form von
kraftvoll treibendem Latin Swing hinzu, der den Stilein-
druck der Komposition verjüngt. *Giggin'* spielt mit der
harmolodischen Polyvalenz von Colemans Strukturver-
ständnis, übertreibt jedoch sachte das scheinbar beliebige
Changieren der Tonalität, ohne es grundlegend in Frage
zu stellen. Die klavierlose *Freedom Suite* streicht deutlich
Rollins' Spannung zwischen Hardbop, Blues und weiter-
gehendem formalen Anspruch heraus, vermeidet dabei
aber den Rückzug auf Licks des damals dominierenden
Tenorsaxofonisten. *A Love Supreme* schließlich entzau-
bert den Mythos von der Singularität einer Einspielung,
indem es dem berühmten Original eine Interpretation ge-

genüberstellt, die ihm in Bezug auf Intensität und Inspiration des Zusammenspiels kaum nachsteht, den Überbau der Spiritualität allerdings durch mehr Swing konterkariert. Das ist zum einen frech, andererseits aber affirmativ, indem es die Vorlagen in ihrer Bedeutung würdigt, ohne sie auf einen Sockel zu heben. Wenn man etwas über den traditionsbewussten amerikanischen Jazz der Jahrtausendwende lernen will, dann ist »Footsteps Of Our Fathers« das richtige Studienobjekt.

Wynton Marsalis
Blood On The Fields

Columbia CXK 57694

CD 1: *Calling The Indians Out / Move Over / You Don't Hear No Drums / The Market Place / Soul For Sale / Plantation Coffee March / Work Song (Blood On The Fields)*
CD 2: *Lady's Lament / Flying High / Oh We Have A Friend In Jesus / God Don' Like Ugly / Juba And A O'Brown Squaw / Follow The Drinking Gourd / My Soul Fell Down / Fourty Lashes / What A Fool I've Been / Back To Basics*
CD 3: *I Hold Out My Hand / Look And See / The Sun Is Gonna Shine / Will The Sun Come Out? / The Sun Is Gonna Shine / Chant To Call The Indians Out / Calling The Indians Out / Follow The Drinking Gourd / Freedom Is In The Trying / Due North*

Jon Hendricks, Cassandra Wilson, Miles Griffith (voc), Wess Anderson, James Carter, Victor Goines, Robert Stewart, Walter Blanding (saxes), Wynton Marsalis, Russell Gunn, Roger Ingram, Marcus Printup (tp), Wayne Goodman, Ron Westray (tb), Wycliffe Gordon (tb, tuba), Michael Ward (vl), Eric Reed (p), Reginald Veal (b), Herlin Riley (dr)
New York, Grand Hall of the Masonic Grand Lodge, 22.–25. Januar 1995

Das hatte nicht einmal Duke Ellington geschafft. Im Jahr 1997 bekam der Trompeter Wynton Marsalis (*1961) als erster Jazzmusiker überhaupt den Pulitzer-Preis überreicht. Ausgezeichnet wurde er für sein Oratorium »Blood On The Fields«, das er im Auftrag des Lincoln Center for the Performing Arts geschrieben, am 1. und 2. April 1994 unter großer Medienaufmerksamkeit in dessen Räumen uraufgeführt und ein knappes Jahr später mit seinem Lincoln Center Jazz Orchestra und den drei Vokalisten Miles Griffith, Jon Hendricks und Cassandra Wilson aufgenommen hatte. Künstlerisch ambitioniert und inhaltlich prall gefüllt, erzählt es in 27 Kapiteln die Geschichte des afrikanischen Prinzen Jesse, der in die Sklaverei nach Amerika verschleppt wurde und dort über Umwege und den Zuspruch der mit ihm deportierten Leona und des assimilierten Jubas zu einer neuen Identität in der Fremde finden muss. Kurze, im Chor gesprochene Passagen treiben neben den Songtexten die Handlung voran, die Musik versucht über mannigfaltige Bezüge zu den stilistischen Urformen des Jazz zugleich Kolorit und Bedeutungsträger zu sein. Da gibt es Work Songs und Chants, im Stil der Brass Bands von New Orleans gehaltene Bläserrhythmen (*Juba And A O'Brown Squaw*), Blues und Frage-Antwort-Passagen. Cassandra Wilsons belegte, dramatisch emotionale Stimme verleiht der sich mit ihrem Schicksal arrangierenden Leona die passende Dichte, Miles Griffith hält mit der Emphase des gedemütigten Jesse dagegen und Jon Hendricks relativiert das Pathos mit seiner Rolle des Juba als burleske Vermittlungsgestalt. Das perfekt funktionierende Lincoln Center Jazz Orchestra bildet den passenden Big-Band-Rahmen, Marsalis selbst hält sich als Solist zurück, mit Ausnahme des Instrumentals *Back To Basics*, in dem er auf Ellington-artig swingender Basis reichlich Stilelemente der dreißiger Jahre von den Growls und der stimmenimitierenden Trompete bis zu wild virtuosen Läufen nach New-Orleans-Art zitiert. Mit rund

drei Stunden Laufzeit ist »Blood On The Fields« eines der
mächtigsten und ausladendsten Jazzwerke überhaupt, dem
allerdings der eigene Anspruch im Weg steht. Thematik
und historisch stilbewusste Gestaltung widersprechen
dem kreativen, intuitiven Esprit der Improvisation. Schul-
meisterlich perfekt wird hier das Afroamerikanische an
sich in den Mittelpunkt gestellt und bleibt doch aufgrund
der legendenhaft simplifizierenden Handlung und eng
festgelegten Musik rhapsodisch.

Bobby McFerrin

The Voice

Electra 7559–60366–2

Blackbird / The Jump / El Brujo / I Feel Good / I'm My Own
Walkman / Music Box / Medley: Donna Lee – Big Top – We're
In The Money / I'm Alone / T. J. / A-Train
Bobby McFerrin (voc)
Köln, 17. März 1984; Mannheim, 19. März 1984; Hamburg,
21. März 1984; Stuttgart, 26. März 1984

Stilistisch gesehen führte Bobby McFerrin (*1950) nur fort,
was umtriebige Vorgänger wie Jon Hendricks in den Sechzigern vorbereitet hatten, und emanzipierte die menschli-
che Stimme vom Zusammenhang der sie umrahmenden Instrumente. Trotzdem war sein Album »The Voice« eine
kleine Sensation. Live in verschiedenen deutschen Kon-
zerthallen während seiner ersten Solo-Tournee aufgenommen, präsentierte es eine Art des Gesangs, die es zuvor
nicht gegeben hatte und die eng mit der Persönlichkeit
McFerrins zusammenhing: »Am 11. Juli 1977 hörte ich eine
Stimme in meinem Kopf, die mir sagte, dass ich ein Sänger

sei. Ich begann bald darauf, mir vorzustellen, ich stünde auf der Bühne, obwohl ich noch nicht hören konnte, wie es denn klingen sollte. [...] Wie auch immer, ich fing einfach an, allein zu singen und meine Technik nach den Notwendigkeiten zu entwickeln, um die Sounds zu produzieren, die in mir existierten« (Liner Notes). McFerrin stammt aus einer Musikerfamilie, sein Vater hatte 1958 bereits für Sidney Poitier den Part des Porgy in Otto Premingers »Porgy & Bess«-Verfilmung gesungen. Der Junge jedoch hatte sich zunächst für das Klavier entschieden und war mit verschiedenen Gruppen durch die Bay Area von San Francisco getingelt. Nachdem er zum Gesang gewechselt hatte und mit seiner Combo Astral Projection künstlerisch nicht vom Fleck kam, entschied er sich für den radikalen Bruch und verzichtete auf alle übrigen Instrumente. Durch Schlagen auf Brust und Kehlkopf erstellte McFerrin rhythmische Muster. Extrem saubere und schnelle Registersprünge erlaubten es ihm, Sopran- und Basspartien nahtlos aneinander zu ketten. Einstmals unerwünschte Nebengeräusche wie Atmen, Schnalzen, Blubbern wurden zu gliedernden, färbenden Ausdrucksmitteln. Der eigentliche Clou aber bestand in seiner umfassenden musikalischen Bildung. Sie erlaubte es ihm, an Personalstilistiken anderer Musiker anzuknüpfen, sie zu imitieren, in seine Vokalartistik zu integrieren und zu kommentieren. *Blackbird* etwa nimmt die Popminiatur der Beatles arpeggiohaft auseinander, suggeriert durch raschen Lagenwechsel ein Nebeneinander der Stimmen, wodurch sich der Song vom Klangeindruck linear wieder zusammensetzt. In *I Feel Good* persifliert er die Schreie von James Brown, adaptiert die Bläserfiguren, Breaks und Arrangementdetails der Originale, die improvisatorisch weitergeführt werden. *Music Box* wiederum ist eine Barock-inspirierte Vokalfuge und das Bebop-Medley kokettiert mit dem Stilinventar des Saxofonspiels von Charlie Parkers Geläufigkeit bis Ornette Colemans Expression. Dabei schafft es McFerrin, den Ernst seines künstlerischen Unterfangens immer wieder durch humorvolle Einfälle zu ergänzen. Das macht den Charme von »The Voice« aus und lässt das Album zum Ausgangspunkt seiner Karriere und eines erweiterten, jazzübergreifenden Gesangverständnisses werden.

Carmen McRae

I'll Be Seeing You

GRP 26472

CD 1: *Something To Live For / Speak Low / But Beautiful / Midnight Sun / Good Morning, Heartache / A Ghost Of A Chance / We'll Be Together Again / Star Eyes / Whatever Lola Wants / Lush Life / Until The Real Thing Comes Along / You Don't Know Me / Skyliner / The Party's Over / East Of The Sun / Dream Of Life / Perdido / Exactly Like You / I'm Thru With Love / I'll Be Seeing You*
CD 2: *Invitation / Bye Bye Blackbird / Flamingo / Oh Yes, I Remember Clifford / If I Were A Bell / Any Old Time / What's New / The Night We Called It A Day / Please Be Kind / The Thrill Is Gone / By Myself / Dou You Know Why? / The More I See You / When Your Lover Has Gone / If I Could Be With You / I Only Have Eyes For You / I'm Glad There Is You / Ain't Misbehavin' / I'll Be Seeing You*
Carmen McRae (voc, p), Jack Pleis Orchestra, Ralph Burns Orchestra, Jimmy Mundy Orchestra, Frank Hunter Orchestra, Luther Henderson Orchestra und verschiedene Kleinbesetzungen u. a. mit Billy Strayhorn, Ray Bryant (p), Ben Webster (ts)
New York, 14. Juni 1955 – 10. März 1959

Als Carmen McRae (1920–1994) sich nach einem konjunkturbedingten Intermezzo als Chorusgirl und Sekretärin um 1953 an die Fortsetzung ihrer Karriere wagte, die Mitte der Vierziger hoffnungsvoll an der Seite Benny Carters begonnen hatte, schaffte sie das Kunststück, sich trotz des dominanten Dreigestirns Holiday – Vaughan – Fitzgerald in der Szene zu behaupten. Sie wurde gar 1954 vom Magazin ›Down Beat‹ zum »Singer of the Year« gewählt und befand sich zum Zeitpunkt der Aufnahmen der Zusammenstellung »I'll Be Seeing You« daher gerade am Startpunkt ihrer eigentlichen Laufbahn als Grande Dame des Jazzgesangs mit der besonderen Eleganz im Ausdruck und dem markanten, intonationsreinen Alt, der sie zum Star zahlreicher Tourneen und Festivals wie Newport, Monterey und Berkeley machte. McRaes Stärken waren dabei nicht nur die Präsenz auf der Bühne, sondern eine untrügliche Timingsicherheit auch bei komplexen Rubato- oder Scat-Passagen, die dramatische Modulationsfähigkeit der Stimme mit Facetten vom Dunkel-Lasziven bis zum Heiter-Naiven, das Gespür für die inhaltlichen Darstellungsdetails der Texte und die enorme strukturelle Übersicht, mit der sie ihre Vokalbogen gestaltete. Dabei konnten es Hits wie *Whatever Lola Wants* aus dem Musical »Damn Yankees« oder dahinschmelzende Balladen wie *Something To Live For* im Trio mit Billy Strayhorn am Klavier und dem Bassisten Wendel Marshall oder auch Filmmusikmelodien wie *Invitation* mit dem Jack Pleis Orchestra sein, McRae erwies sich als geschmackssichere Interpretin, die – und darin war sie ihrer Kollegin Sarah Vaughan ähnlich – aus der populärsten Melodie noch einen Klassiker zu gestalten vermochte. Mühelos schaffte sie es, mit Songs wie *Good Morning, Heartache*, *I'll Be Seeing You* oder *Dream Of Life* ihr einstiges Idol Holiday hinter sich zu lassen, der swingenden Ella ein unverschämt lässiges *If I Could Be With You* oder salopp scattendes *I Only Have Eyes For You* entgegenzusetzen und sich selbst gegen die Übermacht der Streicher des Frank Hunter Orchestra zu behaupten. So muss man streng genommen das Triumvirat des Jazzgesangs zu einem Viererpräsidium erweitern, bei dem Carmen McRae ihren wohlverdienten Platz einnimmt.

Brad Mehldau

Elegiac Cycle

Warner 936247357-2

*Bard / Resignation / Memory's Tricks / Elegy For William Bur-
roughs And Allen Ginsberg / Lament For Linus / Trailer Park
Ghost / Goodbye Storyteller (For Fred Myrow) / Rückblick /
The Bard Returns*
Brad Mehldau (p)
Los Angeles, Mad Hatter Studios, 1.–2. Februar 1999

Als Brad Mehldau (*1970) Mitte der neunziger Jahre seine
Reihe mit »The Art of the Trio«-Aufnahmen begann, begab er sich auf schwieriges Terrain. Denn spätestens seit
dem Tod von Bill Evans galt die kleine Form mit Klavier,
Kontrabass und Schlagzeug als ausgereizt, auch wenn
Keith Jarrett neue Türen aufgestoßen hatte. Der junge
Mann aus Jacksonville ließ sich jedoch nicht beirren und
arbeitete sich mit seinen beiden Partnern Larry Grenadier
(b) und Jorge Rossy (dr) derart intensiv in das Trio-Idiom
ein, dass bald nicht nur ein Raunen durch die Spezialisten-
zunft ging, sondern auch das Publikumsinteresse wieder
zunahm. Im Februar 1999 schließlich fühlte er sich bereit,
einen Schritt weiter zu gehen, und nahm sein erstes Solo-
Album »Elegiac Cycle« auf. Formal war es ein Zyklus aus
neun Stücken, beginnend mit dem Drei- bzw. Fünf-Ton-
Motiv von *Bard*, das dann in den folgenden sieben Kompositionen in verschiedener Art wieder aufgenommen
wird, mal in einer Gegenmelodie der linken Hand, mal
verlangsamt, invertiert, gespiegelt, wobei die einzelnen
Parts wie in *Rückblick* auch auf die vorangegangenen Variationen Bezug nehmen. *The Bard Returns* klammert den
Zyklus schließlich mit einer Wiederholung des Themas
und einer langen Coda. Inhaltlich geht es um Toten- und
Klagelieder, im direkten wie übertragenen Sinne des Ver-

lustes. Mehldau widmet sie Freunden wie dem Musiker Fred Myrow, Beatpoeten wie William Burroughs und Allen Ginsberg. *Bard* und *Lament For Linus* sind ausgeschrieben, die übrigen Stücke leben von der Spannung zwischen Motiv und Improvisation. Mehldaus Stilverweise reichen von Schumann'scher Mollharmonik bis zu abstrahierten Rockmustern seines Jugendidols Billy Joel, schaffen es aber, alle Ideen zu bündeln. Man spürt den Kunstwillen, ohne dass er den Höreindruck dominiert, und merkt, dass sich da jemand den eigenen Leidensdruck im Angesicht der Nichtigkeit der Welt von der Seele spielt. Das ist gewiss spätpubertär, war aber auch immer schon ein Ausdruck großer Kunst.

Pat Metheny Group

Travels

ECM 1252/53

CD 1: *Are You Going With Me?* / *The Fields, The Sky* / *Goodbye* / *Phase Dance* / *Straight On Red* / *Farmer's Trust*
CD 2: *Extradition* / *Goin' Ahead* / *As Falls Wichita, So Falls Wichita Falls* / *Travels* / *Song For Bilbao* / *San Lorenzo*
Pat Metheny (g, g-synth), Lyle Mays (p, keyb), Steve Rodby (b, b-synth), Dan Gottlieb (dr), Nana Vasconcelos (perc)
Dallas, Philadelphia, Sacramento, Nacogdoches, Juli, Oktober, November 1982

Es war die Tour, die alles zusammenfasste. Im Jahr 1975 hatten sich Pat Metheny (*1954) und der ein Jahr ältere Lyle Mays am Wichita Jazz Festival kennen gelernt. Der eine war bereits als Lehrer am Berklee College in Boston engagiert und galt als der aufsteigende Stern am Gitarrenhimmel, der mit einer individuellen Mischung aus schwebenden Sounds und lyrisch fließenden Phrasierungen die Ära Montgomery/McLaughlin beerben könnte. Der andere hatte bei Woody Herman gedient und war gerade dabei, sich in die expandierende Welt der synthetischen Klänge zu vertiefen. Die beiden fanden musikalisch Gefallen aneinander und so entstand zwei Jahre später zusammen mit Mark Egan am Bass und Dan Gottlieb am Schlagzeug die Pat Metheny Group, die über ein außergewöhnlich stimmiges Soundkonzept und anspruchsvolle, zugleich eingängige Kompositionen ein großes Publikum erreichte. Alben wie »Pat Metheny Group« (1978), »As Falls Wichita, So Falls Wichita Falls« (1980) und »Offramp« (1981) prägten nachhaltig die Klangvorstellung eines sich vom Kammerjazz, der Avantgarde und dem kommerziellen Fusion lösenden neuen Improvisationsverständnisses und machten das zeitweise um den brasilianischen Perkussionisten Nana Vasconcelos erweiterte Quartett zu einer der erfolgreichsten Bands ihrer Epoche. Im Sommer und Herbst 1982 zog die Pat Metheny Group daher mit einer ausgedehnten Tournee durch die USA und ließ die Bänder mitlaufen. Das Konzentrat dieser zahlreichen Auftritte war das Doppelalbum »Travels«, das wie schon »Offramp« umgehend mit einem Grammy als »Best Fusion Jazz Performance« (1982 bzw. 1983) ausgezeichnet wurde. Tatsächlich ist auffällig, wie schwerelos und selbstverständlich die Musik der Beteiligten ineinander griff, zunächst das eng verwobene Soundgeflecht von Mays' und Methenys Synthesizer-Klängen, dann die perfekt dazu harmonierende Rhythmusgruppe. Die Dramaturgie der Songs konnte ekstatische Stimmungen erzeugen (*Are You Going With Me?*), lieblich den Hörer umschmeicheln (*Travels*) oder auch psychedelische Collagen (*Goin' Ahead*) entstehen lassen. Ein lateinamerikanischer Ethno-Touch sorgte ebenso für Abwechslung wie die solide Verankerung im Powerplay des Fusion Jazz. Methenys luftige, melodisch abwechslungsreich mäandrierende Gitarrenlinien ergänzten sich mit Mays' Klangraumphantasie zu erstaunlich offenen Architekturen, so dass der Hörer in einer Art Hörrausch unterschiedlichsten Assoziationen folgen konnte. Mit anderen Worten: Die Pat Metheny Group war eine grandiose, energiegeladene Live-Band mit hoher Sensibilität für Klangästhetik, eine Mischung, die »Travels« zu einem zeitlosen, grandiosen Konzertalbum werden ließ.

Charles Mingus

The Black Saint And The Sinner Lady

Impulse 951174-2

Track A – Solo Dancer / Track B – Duet Solo Dancers / Track C – Group Dancers / Mode D – Trio And Group Dancers / Mode E – Single Solos And Group Dance / Mode F – Group And Solo Dance
Rolf Ericson, Richard Williams (tp), Quentin Jackson (tb), Don Butterfield (tuba), Jerome Richardson (ss, bar-s, fl), Charlie Mariano (as), Jackie Byard (p), Jay Berliner (g), Charles Mingus (b), Dannie Richmond (dr)
New York, 20. Januar 1963

Charles Mingus (1922–1979) hielt »The Black Saint And The Sinner Lady« selbst für seine beste Platte. Ende 1962 übte er mit seiner zehnköpfigen Band im New Yorker Club Village Vanguard am Konzept der vier- bzw. sechsteiligen Suite. Die Aufnahme selbst fand dann an einem Tag im Januar des Folgejahrs statt, wobei allerdings noch zahlreiche Overdubs vorgenommen wurden. Charlie Marianos Altsaxofonlinien wurden zum Teil später hinzugefügt, ebenso einige weitere Details, die die Gesamtwir-

kung verfeinern sollten. Dabei war »The Black Saint And
The Sinner Lady« eine in vieler Hinsicht programmatische
Komposition. Der mittlere und späte Mingus war ein
Mann der großen Bogen, der dramaturgisch weite Distan-
zen zu bewältigen vermochte. Zugleich verstand er seine
Arbeit als spontane Komposition, die er für einzelne
Instrumente, sogar spezielle Musiker und deren Phrasie-
rungsmöglichkeiten und Improvisationsvorlieben gestaltete. Seine eigene Tonsprache setzte sich auf höherer Ebene
aus den Personalstilistiken der anderen zusammen, die er
mit seinen konsequenterweise Workshop genannten Formationen anleitete. So verstand sich »The Black Saint« als
Suite, die über Ellingtons große Form hinausreichte und
eine Vielzahl musikalischer Zitate einschloss. Ob es nun
der erst Ende 1962 zur Band gestoßene Jackie Byard war,
der quasi-klassisch spätromantische Motive anstimmte, ob
Mingus seinen Bläsern Sätze im Stil von Ellingtons Dreißigern verordnete, Jay Berliner Villa-Lobos-ähnliche Figuren einfügte, hier ein orchestraler Jazzwalzer zitiert und
als Blues weitergedacht wurde, da exzentrische Saxofon-
und Trompetenfiguren ineinander griffen, wie man sie erst
wieder beim Art Ensemble of Chicago fand – das Konzept baute auf Vielfalt, letztlich mit dem latenten Anspruch, ein Gesamtkunstwerk zu schaffen, das alle Aspek-
te seiner Musik aufnahm und repräsentierte. »Ich habe
diese Musik zum Tanzen und Zuhören geschrieben. Es ist
wahrhaftige Musik, die viele und vielfältige Meinungen
von mir enthält. Es ist meine Grabrede zu Lebzeiten auf
die Zeit von meiner Geburt bis zu den Tagen, als ich das
erste Mal Bird und Diz hörte«, meinte Mingus in den
›Liner Notes‹ und überschrieb die Stilistik des Albums
mit »Ethnic Folk-Dance Music«. Und um dem Ganzen
noch die Krone der Metaebenen aufzusetzen, ließ er seinen Psychiater Edmund Pollock eine Analyse auf die Plat-
tenhülle schreiben, die ihn als Opfer einer (schwarzen) So-
zialisation darstellte, deren »Leiden sicher ausreichend

gewesen [waren], ihn mit Bitterkeit, Hass und Verkramp-
fung zu erfüllen und der Wirklichkeit entfliehen zu lassen«. Mag sein. »The Black Saint« ist jedenfalls ein Meis-
terstück eines genialen Stilsublimators und einer dieser
Momente in der Musik, die sich der letztgültigen Deutung
zugunsten des individuellen Empfindens des einzelnen
Hörers entziehen.

Charles Mingus
Pithecanthropus Erectus
Atlantic Masters 81227 3616-2

*Pithecanthropus Erectus / A Foggy Day / Profile Of Jackie / Love
Chant*
Jackie McLean (as), J. R. Monterose (ts), Mal Waldron (p), Charles
Mingus (b), Willie Jones (dr)
New York City, 30. Januar 1956

Im Sommer 1953 begann Charles Mingus, im Putnam
Central Club in Brooklyn regelmäßig Musiker zu Jam
Sessions einzuladen, die er ›Jazz Workshop‹ nannte. Dabei
ging es nicht darum, Standards oder Bebop-Stücke anzu-
stimmen, sondern mit der Idee von Improvisation und
Komposition zu experimentieren. Mingus, der einst bei
Art Tatum und Louis Armstrong gelernt und als Begleiter
Red Norvos seinen Ruf als Virtuose begründet hatte, be-
gann in dieser Zeit, die formalen Selbstverständlichkeiten
des Jazz (Takt, Beat, Song, Tempo) in Frage zu stellen,
und sein Debüt bei Atlantic Records »Pithecanthropus
Erectus« macht daraus ein hörbares Programm. Das
Quintett war während der Workshops zu einer losen Ver-
einigung von Einzelgängern zusammengewachsen, mehr

hätte die Musik auch nicht vertragen. Denn schon das Titelstück war eine weit aufgefächerte Kombination von
Freiheit und Festlegung. Vom Thema her entwickelt, stellte es eine vierteilige Suite dar, die den aufrechten Menschen von seiner Bewusstwerdung bis zur Selbstzerstörung zeigen sollte. Gedacht als »jazz tone poem« (Mingus)
über einer flexiblen ABAC-Form mit ausgedehnten solistischen Passagen in den B- und C-Teilen, entwickelte es
vielfältig changierende, den Schemata des Bebop entwachsene Klangfarben. Gershwins *A Foggy Day* wurde von der
Band mit allerlei Honks, Shouts und Geräuschen dekonstruiert, die der berühmten Melodie Straßen- und Alltagsgeräusche hinzufügten. *Profile Of Jackie* wiederum war
eine Ballade, die dem Altsaxofonisten Raum zur Entfaltung gab, und *Love Chant* konnte als ausladendes Gegenstück zu *Pithecanthropus Erectus* auf einem luftigen Klavierthema Waldrons noch einmal mit rhythmischen
Schichtungen und formalen Gegensätzen arbeiten: getragene Bläsermotive versus flirrende Bassmelodie, arythmischer Schellenkranz versus ostinat laufende Pianobegleitung, retardierende Intermezzi versus slowboppende Solopassagen und so weiter. So erfüllte das Album bereits im
Detail Mingus' Vorstellung des Prozesshaften, Situativen
und forderte die Musiker heraus, sich von den Bebop-Gewohnheiten zu lösen. Nicht jedem wollte das gelingen.
Mingus und McLean trennten sich wenige Wochen später
nach einer Kneipenschlägerei, nachdem der Bassist dem
Altisten vorgeworfen hatte, er würde immer nur seinen alten Stiefel spielen.

The Modern Jazz Quartet
Django
PRSA-7057-6

Django / *One Bass Hit* / *La Ronde Suite* – a) *Piano* – b) *Bass* –
   c) *Vibes* – d) *Drums* / *The Queen's Fancy* / *Delaunay's Dilemma* / *Autumn In New York* / *But Not For Me* / *Milano*
John Lewis (p), Milt Jackson (vib), Percy Heath (b), Kenny Clarke
   (dr)
New York City, 25. Juni 1953 (# 4–7) / Hackensack, New Jersey,
   23. Dezember 1954 (# 1–2, 8), 9. Januar 1955 (# 3)

Mit John Lewis (1920–2001) und dem Modern Jazz Quartet (MJQ) kehrte ein Element in den Jazz zurück, das durch den Bebop nebensächlich geworden war. Selbst dem Bilderstürmerkreis um den Trompeter Dizzy Gillespie entwachsen, legte der Pianist aus New York Wert darauf, neben der Improvisation wieder die arrangierten und komponierten Momente in den Vordergrund zu stellen. Vehikel für die Umsetzung dieser Idee wurde das 1952 gegründete MJQ, das sich als eine der beständigsten Gruppen des Jazz herausstellen sollte (mit Unterbrechungen und zwei Umbesetzungen aktiv bis 1999). Lewis bezog seine Inspirationen dabei nicht nur aus der afroamerikanischen, sondern auch aus der europäischen Musiktradition bis hin zu Kompositionstechniken der Renaissance und des Barock. Ausdrucksmittel wie Balance, Raum, Reduktion, Kontrolle, Sound, überhaupt der gesamte Bereich der geformten, notierten Musik bekamen dadurch mehr Bedeutung und strahlten durch den Erfolg des MJQ auch weitläufig in die Jazzszene aus. Kompositionen wie das stellenweise fugal angelegte *Milano* (mehr noch *Vendome*) oder die Hymne auf den 1953 verstorbenen französischen Swing-Gitarristen Django Reinhardt *Django*, deren choralhaftes Thema und behutsame Interpretation weit über die übliche Standard-Song- und Blues-Form dieser Jahre hinausging, markierten einen Ausgangspunkt der Third-Stream-Bewegung, für die Lewis in den folgenden Jahren ebenfalls zahlreiche Werke schrieb. *La Ronde Suite* – schon der Titel ist eine historische Reminiszenz – ist mit ihrer Gliederung nach Instrumenten ein deutlicher Hinweis auf das Prinzip der musikalischen Gleichberechtigung aller Beteiligten eines Ensembles. Und die analytisch-kompakte Bearbeitung von Gershwins Klassiker *But Not For Me* mit swinguntypischen Punktierungen, klar ausarrangierten Melodiepassagen für den Bass, auf verschiedene Instrumente verteilten Themensegmenten, spannungssteigernden Interludien und wohlportionierter Improvisation ist ein Musterstück von Lewis' Vorstellung der Ausgewogenheit der musikalischen Elemente. Mit Erfolgsalben wie »Django« jedenfalls wurde das MJQ zu einer der beliebtesten Bands des Jazz mit großer Integrationskraft für diverse Skeptiker der Materie, die mit dem wilden Sound der Clubs nichts anfangen konnten, sich aber mit der kontrollierten, hochkulturkompatiblen Freiheit anfreundeten.

Nils Petter Molvær

Khmer

ECM 1560

Khmer / Tløn / Access – Song Of Sand I / On Stream / Platonic Years / Phum / Song Of Sand II / Exit
Nils Petter Molvær (tp, g, b, perc, samples), Eivind Aarset (g, treatments, talk box), Morten Mølster (g), Roger Ludvigsen (g, perc, dulcimer), Rune Arnesen (dr), Ulf W. Ø. Holand (samples), Reidar Skår (sound treatment)
Oslo, Lydlab A/S, 1996–97

Bis zu Nils Petter Molværs (* 1960) Album *Khmer* hatten
die Techno-geprägte elektronische Popmusik und der Jazz
wenig miteinander zu tun. Zu grundlegend waren die ästhetischen Differenzen – die einen interessiert an Sound,
Beats und geprägt von einem entpersonalisierten Künstlerbild, die anderen fasziniert von Improvisation, Freiheit
und dem Genietypus individueller Kreativität. Erst der
norwegische Trompeter schaffte den Brückenschlag, indem er die Gestaltungspräferenzen der Elektroniker ernst
nahm und sie mit seiner Vorstellung von musikalischem
Fluss verband. Die Grundlage von »Khmer« waren die
ausgefeilten synthetischen und gesampelten Sounds, die
Molvær über ein Jahr hinweg gemeinsam mit dem Gitarristen Eivind Aarset und dem Klangtüftler Ulf Holand
kreierte, und die auf ein echtes Schlagzeug übertragenen
Beats aus dem House- und Drum-&-Bass-Umfeld, die
dem Prinzip des zum Teil bis auf Zeitlupentempo verlang-
samten Pulses folgten. Sie bildeten einen düsteren, me-
lancholischen, stellenweise aggressiven Klangraum, dem
kleine Motive und gebundene Linien der Trompete gegenübergestellt wurden. Auf diese Weise entstanden Kontraste, die über stilistische Reibungen noch erweitert wurden.
Das Titelstück zum Beispiel ist eine komplexe Schichtung
aus dem Siebener-Rhythmus des Hackbretts, dem Fünfer
der Bassdrum, einem 6/8-Sample, den übrigen Instrumenten, die mal im Zweier-, mal im Dreier-Feeling spielen,
und den von Don Cherry inspirierten Improvisationen
Molværs. *Tløn* setzt den typischen niederfrequenten
Herzbeat des Techno mit 175 bpm ein und konstruiert
darum ein Mosaik von Soundfetzen und orientalisch-me-
lancholischen Trompetentönen. *Platonic Years* wiederum
baut auf Loops und einem einfachen afrikanischen Thema
auf, das durch Samples von Bill Laswell und Groove-De-
tails von Eivind Aarsets Gitarre ergänzt wird. Das ganze
Album bekam durch die konsequent durchgehaltene sphä-
rische Raumgestalt und durchdachte Klangästhetik die

Wirkung des in sich geschlossenen Konzepts. Es war der Anfang einer Welle neo-elektronischer Tüfteleien der skandinavischen und europäischen Szene und machte Molvær zum Pionier eines postmodernen Jazzverständnisses, das improvisierte Musik in Clubs und Lounges führte.

Thelonious Monk

Genius Of Modern Music

Blue Note TOCJ-1510/11

CD 1: *'Round About Midnight / Off Minor / Ruby My Dear / I Mean You / April In Paris / In Walked Bud / Thelonious / Epistrophy / Misterioso / Well You Needn't / Introspection / Humph*
CD 2: *Carolina Moon / Hornin' In / Skippy / Let's Cool One / Suburban Eyes / Evonce / Straight No Chaser / Four In One / Nice Work / Monk's Mood / Who Knows / Ask Me Now*

Idrees Suliman (tp), Danny Quebec West (as), Billy Smith (ts), Thelonious Monk (p), Gene Ramey (b), Art Blakey (dr) (CD 1 # 7, 12, CD 2 # 5, 6)
New York City, 15. Oktober 1947

Thelonious Monk (p), Gene Ramey (b), Art Blakey (dr) (CD 1 # 2, 3, 5, 10, 11, CD 2 # 9)
New York City, 24. Oktober 1947

George Taitt (tp), Sahib Shihab (as), Thelonious Monk (p), Robert Paige (b), Art Blakey (dr) (CD 1 # 1, 6, CD 2 # 10, 11)
New York City, 21. November 1947

Milt Jackson (vib), Thelonious Monk (p), John Simmons (b), Shadow Wilson (dr) (# 4, 8, 9)
New York City, 2. Juli 1948

Sahib Shihab (as), Milt Jackson (vib), Thelonious Monk (p), Al McKibbon (b), Art Blakey (dr) (CD 2 # 7, 8, 12)
New York City, 23. Juli 1951

Kenny Dorham (tp), Lou Donaldson (as), Lucky Thomson (ts),
 Thelonious Monk (p), Nelson Boyd (b), Max Roach (dr) (CD 2
 # 4, 8, 9)
New York City, 30. Mai 1952

Im Jahr 1947 heiratete Thelonious Monk (1917–1982) seine langjährige Freundin und Nachbarin Nellie Smith. Es
war eine der besten Entscheidungen, die der Pianist jemals
traf, denn sie hielt ihm ein Leben lang durch ihre verschiedenen Jobs den Rücken frei. So musste er nie etwas anderes machen als Musik. Im selben Jahr nahm ihn die
Plattenfirma Blue Note unter Vertrag und begann, seine
Stücke in verschiedenen Besetzungen aufzunehmen. Der
Leiter der Firma hatte Monks Talent erkannt, aber kaum
Vorstellungen, wie er es vermarkten könnte. Man kündig-
te ihn großspurig als »Hohepriester des Bebop« an, doch
der Erfolg der als 78er-Scheiben veröffentlichten Studio-
sessions ließ zu wünschen übrig. Das lag vor allem an der
Musik selbst und an der Art, wie Monk sie interpretierte.
Denn bei ihm war vieles anders, auch wenn er bereits seit
1941 zu In-Clique der Bebop-Hipster um den Harlemer
Club Minton's Playhouse gehörte. Monk phrasierte, betonte, harmonisierte anders, legte Wert auf Pausen, Stops,
Kontraste, Schichtungen und nicht auf instrumentale
Höchstleistungen über bekannte Formen. Noch dazu ein
schrulliger Typ mit eigenwilligem Humor, erschien er daher wie eine Figur von einem anderen Musikstern. Er war
ein »Genius Of Modern Music«, wie Blue Note später die
LP-Ausgaben der Aufnahmen zwischen 1947 und 1952
betitelte, doch einer, dessen Genie vor allem Musikerkol-
legen schätzten. Wenn er wie in *Off Minor* die Läufe
scheinbar entlangholperte, in *Thelonious* so lange auf dem
Bᵇ herumritt, bis man es nicht mehr hören konnte, oder
April In Paris harmonisch zerlegte, dann sahen die Kritiker nicht den Protest gegen die Einförmigkeit beboppiger
Phrasierung, nicht die komplexen Harmonisierungen, die

unterschiedliche Klangfarben ausprobierten, nicht den skurrilen Humor, mit dem Monk die Songform persiflierte, sondern nur einen Mann, der nicht Klavier spielen konnte. Dieses Vorurteil sollte an ihm ebenso lange kleben wie eben die Forderung, ein ›Genius Of Modern Music‹ zu sein. Und Monk verweigerte sich diesem Anspruch genauso hartnäckig, wie er ihn mit seinen frühen Aufnahmen bereits einlöste.

Thelonious Monk

Plays The Music Of Duke Ellington

Riverside OJC20024-2

It Don't Mean A Thing If It Ain't Got That Swing / Sophisticated Lady / I Got It Bad And That Ain't Good / Black And Tan Fantasy / Mood Indigo / I Let A Song Go Out Of My Heart / Solitude / Caravan
Thelonious Monk (p), Oscar Pettiford (b), Kenny Clarke (dr)
Hackensack, New Jersey, 21./27. Juli 1955

Thelonious Monk spielte selten Standards. Selbst ein begnadet eigenwilliger Komponist, hatte er es nicht nötig, sich Musik aus fremder Feder zu borgen. Wenn ihm allerdings jemand ein Projekt antrug, konnte es schon vorkommen, dass er sich mit Werken seiner Kollegen beschäftigte. Nun war 1955 kein gutes Jahr für Monk. Im März starb Charlie Parker und die ganze Szene hatte das Gefühl, mit dem Saxofonisten sei eine Ära beerdigt worden. Bei der Plattenfirma Prestige war man nicht mehr gut auf Monk zu sprechen, weil seine Platten sich kaum verkauften. Live durfte er in New York nicht spielen, weil ihm seit Anfang der Fünfziger die Auftrittserlaubnis in

Form der Cabaret Card fehlte. Vielen Musikern war er
wegen seiner Schrulligkeit suspekt, und so war es ein
Glück für ihn, dass ihn der Kritiker Nat Hentoff bei
einem kleinen Label namens Riverside ins Gespräch
brachte. Denn dort war mit Orrin Keepnews einer von
Monks größten Fans als Produzent involviert. So wurde
der Pianist für 108 Dollar und 27 Cent aus dem Prestige-
Vertrag gekauft und für ein besonderes Projekt verpflichtet. Denn es sollten nicht mehr einfach Sessions aufgenommen, sondern Alben mit Konzept gestaltet werden.
Die Idee war, den als sperrig geltenden Künstler mit Standards zu konfrontieren, und als Thema wurde Duke Ellington gewählt. Die Aufnahme schien wiederum unter
keinem guten Stern zu stehen, weil Kenny Clarke prompt
den Termin verschlafen hatte, doch als schließlich alle in
Rudy van Gelders Studio erschienen waren, zeigte sich
schnell, dass sich die Mühe gelohnt hatte. Monk zerlegte
behutsam die bekannten Melodien, verbohrte sich wie in
It Don't Mean A Thing so lange in ein Thema hinein, bis
man um jede Abwechslung froh war, reharmonisierte verstockt *Solitude* als Solo-Ballade, deutete die *Black And
Tan Fantasy* als funky swingenden Blues oder verhalf *Caravan* zu einer behutsam dissonanten Interpretation im
Latin-Feeling. Seine Begleiter Oscar Pettiford und Kenny
Clarke ließen sich cool boppend auf das Experiment ein,
und so wurde die Aufnahme zu einem Wendepunkt in der
Popularitätsskala. Als erste 12"-LP von Riverside, erstes
Standard-Album des Sonderlings und überhaupt unglaub-
lich lässige Musik führte es den Beweis, dass Monk nicht
nur spielen konnte, sondern über einen einzigartigen
pointierten Humor verfügte, der bekannte Gassenhauer
revitalisierte. Von da an ging es wieder bergauf, in Richtung Gipfel des modernen Jazzklaviers.

Wes Montgomery

The Incredible Jazz Guitar Of Wes Montgomery

OJCCD-036-2

Airegin / D-Natural Blues / Polka Dots And Moonbeams / Four On Six / West Coast Blues / In Your Own Sweet Way / Mr. Walker (Renie) / Gone With The Wind
Wes Montgomery (g), Tommy Flanagan (p), Percy Heath (b), Albert Heath (dr)
New York City, 26./28. Januar 1960

Nur wenige Monate zuvor hatte Wes Montgomery (1925–1968) sein erstes Album »The Wes Montgomery Trio« (1959) für die Firma Riverside aufgenommen. Die Reaktion der Jazzöffentlichkeit war überwältigend. »Wes Montgomery ist das Beste seit Charlie Christian, was der Gitarre passieren konnte«, meinte der Kritiker Ralph J. Gleason und formulierte damit noch ein moderat jubelndes Urteil. Tatsächlich waren der Stil und die Spieltechnik des Familienvaters aus Indianapolis, der dort nach einem kurzen Engagement bei Lionel Hampton (1948–50) tagsüber in der Fabrik arbeitete und abends in Bars jazzte, in vieler Hinsicht ungewöhnlich. Montgomery spielte in der rechten Hand mit dem Daumen, den er wie ein Plektrum verwendete, und er hatte sich als Autodidakt eine individuelle Form der Oktavierung und Harmonisierung von Läufen zurechtgelegt, die er wirkungssicher zu Single-Note-Passagen kontrastierte. Seine profunde, bluesgefärbte Musikalität, die eigene Hörerfahrung durch Platten Charlie Christians und Django Reinhardts und das regelmäßige Spiel im Trio zur Abendunterhaltung hatten zum einen eine enorme Professionalität in der solistischen Spannungsgestaltung entstehen lassen, ihn zum anderen aber auch fest im Mainstream verankert. In einer Zeit, in der die divergierenden Kräfte des Experimentellen vorherrschten, konterte Montgomery mit Originalität innerhalb der Form und einem markanten, angezerrten Sound an der Halbakustischen. Sein zweites und wichtigstes Album »The Incredible Jazz Guitar«, für das ihn Riverside mit den bebopgeschulten Heath-Brüdern und dem Coltrane-Pianisten Tommy Flanagan zusammenbrachte, zeigte ihn daher von drei Seiten: als Komponisten (*D-Natural Blues, Four On Six, West Coast Blues, Mr. Walker*), Soul-boppenden Blues-Swinger (*Airegin, West Coast Blues, Mr. Walker*) und Standard-geübten Balladier (*Polka Dots, In Your Own Sweet Way*). Es markierte seinen endgültigen Durchbruch in der Jazz- und Bluesszene. Von da an kam kein Gitarrist mehr an Montgomery vorbei.

Lee Morgan
The Sidewinder

Blue Note 784157 2

The Sidewinder / Totem Pole / Totem Pole (alternate take) / *Gary's Notebook / Boy, What A Night / Hocus-Pocus*
Lee Morgan (tp), Joe Henderson (ts), Barry Harris (p), Bob Cranshaw (b), Billy Higgins (dr)
Englewood Cliffs, New Jersey, 21. Dezember 1961

Das Risiko einer Jazzproduktion war im Vergleich zu anderen Sparten relativ gering. So nahm die Firma Blue Note bis in die späten sechziger Jahre alles direkt auf zwei Kanäle analoges Band auf. Overdubs gab es nicht, Studiozeiten minimierten sich und die Ergebnisse waren trotzdem beachtlich. Kurz vor Weihnachten 1961 zum Beispiel fand sich der Trompeter Lee Morgan (1938–1972) bei Rudy van Gelder in Englewood Cliffs ein, mit einem

Quintett, das er sich für diesen Termin hatte zusammenstellen durfte. Am Tenor spielte Joe Henderson, den er zwar nur von Platte kannte, aber wegen seiner Impulsivität schätzte (»I think, he's finding his own identity now«, meine Morgan in den ›Liner Notes‹). Mit dem Pianisten Barry Harris hatte er bereits zusammengearbeitet, Bob Cranshaw und Billy Higgins wiederum galten als eine der vielseitigsten Rhythmusgruppen ihrer Tage. Gespielt wurden fünf Eigenkompositionen. *The Sidewinder* basiert auf einem langgezogenen 24-taktigen Blues, der in einen funky Rhythmus aufgelöst wird. *Totem Pole* war entstanden, nachdem Morgan ein Konzert von Dizzy Gillespie gehört hatte und dessen Version von *The Mooche* kopieren wollte. Es war in dessen typischem Wechsel von Latin- und Swing-Beat gehalten und wurde die solistisch ausgereifteste Komposition des Albums. *Gary's Notebook* war ein schneller 24-taktiger Moll-Blues-Walzer, *Boy, What A Night* basierte auf der gleichen Form, allerdings mit ¹²⁄₈-Takt und Dur-Charakteristik. *Hocus-Pocus* wiederum griff auf die Harmoniefolge von *Mean To Me* zurück. Allen Songs gemeinsam war die enge Melodieführung der beiden Leadinstrumente, die bläserfreundlichen Themen, die solistische Erzählfreude der Beteiligten, wobei Harris' an Bud Powell geschulte Single-Note-Improvisationen in ihrer reduktionistischen Ambition stellenweise verstockt wirkten (*Totem Pole*). Der junge Henderson hingegen spielte vehement gegen seine Vorbilder Sonny Rollins (Blues-Feeling) und John Coltrane (Steigerungstechnik) an. Morgan schließlich präsentierte sich fest in der Tradition seiner ehemaligen Arbeitgeber Gillespie (Linienführung) und Art Blakey (Gruppensound), führte deren Hardbop-Ideen aber mit melodischer Eloquenz und individueller Technik (Half-Valve-Töne wie in *Totem Pole*) fort. »The Sidewinder« wurde ein Hit, eine Hymne der Hipster und das Titelstück zum Ohrwurm, zitierfähig bis in die Zeit der Hip-Hop-Samples der Neunziger.

Jelly Roll Morton
The Piano Rolls

Nonesuch 7559-79363-2

*Midnight Mama / Shreveport Stomp / Stratford Hunch / Dead
Man Blues / Grandpa's Spells / Tin Roof Blues / London Blues /
King Porter Stomp / Sweet Man / Original Jelly Roll Blues / Mr.
Jelly-Lord / Tom Cat Blues*
Jelly Roll Morton (p)
New York, Piano Rolls um 1923; aufgenommen am 22./23. Februar 1997

Piano-Rolls sind trügerische Zeitdokumente. Zum einen
halten die für mechanische Klaviere gestanzten Papierrollen den Stil eines Interpreten fest und erlauben nach Jahrzehnten noch eine genaue Rekonstruktion des Gespielten.
Auf der anderen Seite war es aber war üblich, von Produzentenseite aus die Streifen zu modifizieren und zu korrigieren. So wurden Zeitschwankungen in der Regel eliminiert,
manche Akkorde und Passagen dafür gedoppelt, so dass
Vorlagen entstanden, die kein Mensch gespielt haben
konnte. Im Fall des Pianisten, Komponisten und selbsternannten Vaters des Jazz Jelly Roll Morton (um 1885–1941;
»Ich habe den Jazz erfunden«, Morton in einem Leserbrief an das Magazin ›Down Beat‹ 1939) war die Ausgangslage allerdings gut: Die um 1923 entstandenen Rollen waren als Solodarbietung eines Pianisten geplant und
wurden daher nur geringfügig verändert. Informationen über Pedalistik, Anschlag, Dynamik, rhythmische
Schwankungen rekonstruierte die Musikwissenschaftlerin
Artis Wodehouse, indem sie alle verfügbaren Schellackaufnahmen vom Computer erfassen und auswerten ließ.
Daraus entstanden dann die zusätzlichen Vorgaben, nach
denen ein mikrofoniertes Disklavier im Auditorium der
Academy of Arts and Letters in New York die Rollen ab-

spielte und auf diese Weise – wie schon im Fall von George Gershwin vier Jahre zuvor – einen Mythos der jazzenden Frühzeit im klaren Sound des CD-Zeitalters wiedererstehen ließ. Dabei lernt man Morton als kultivierten Interpreten kennen, der Stileigenschaften von Ragtime, Stride-Piano und aus dem Umkreis der New-Orleans- und Chicago-Schulen wirkungsvoll in den frühen Swing transferiert. Kompositionen wie *Tom Cat Blues* etwa zitieren in der linken Hand einen kubanischen Danza-Rhythmus, andere arbeiten schelmisch mit Tempoverdoppelungen, jagen hurtig durch die Oktaven und Transponierungen (*Shreveport Stomp*), integrieren einen in New Orleans üblichen Trauermarsch auf Chopin'scher Basis (*Dead Man Blues*) oder präsentieren den virtuellen Pianisten als beeindruckend ausgewogenen Balladier (*Mr. Jelly-Lord*). So mag Mr. Morton ein Dandy, ein Lebemann, vielleicht auch ein eitler Tropf gewesen sein. Seine Piano-Rolls jedenfalls stellen ihn als stilbildenden Pianisten auf dem Weg zum Swing dar, der auch ohne seine Red Hot Peppers noch durch die digitalen Rekonstruktionen hindurch als Charismatiker zu wirken versteht.

Gerry Mulligan Quartet

Gerry Mulligan Quartet With Chet Baker

Giants Of Jazz CD 53027

Line For Lyons / Walking Shoes / Love Me Or Leave Me / Carioca / Freeway / Moonlight In Vermont / The Lady Is A Tramp / Bark For Barksdale / My Funny Valentine / Bernie's Tune / Five Brothers / Turnstile / I May Be Wrong / Swing House / Lullaby Of The Leaves / The Nearness Of You / I'm Beginning To See The Light / Makin' Whoopee / Frenesi / Nights At The Turntable / Jeru / Cherry / Aren't You Glad You're You / Tea For Two

Chet Baker (tp), Gerry Mulligan (bar-s), Bobby Witlock, Carson
  Smith (b), Chico Hamilton, Larry Bunker (dr)
Los Angeles, 16. August, September, 15./16. Oktober 1952, Januar,
  24. Februar, 27., 29. und 30. April, 20. Mai 1953

Im Nachhinein scheint das Mulligan Baker Quartet das
Ding gewesen zu sein, worauf die Jazzfans gewartet hatten. Dabei war es durch Zufall entstanden. Gerry Mulligan (1927–1996), ein junger Baritonsaxofonist und Arrangeur, war in der Hoffnung auf Arbeit von New York nach
Los Angeles getrampt. Er hatte einen regelmäßigen Job im
The Haig bekommen, einem winzigen, 85 Plätze fassen-
den Club, und jammte montagabends in unterschiedlicher
Besetzung. Dabei lernte er Chet Baker kennen, ein ebenfalls blutjunges Naturtalent an der Trompete, der zwar
keine Ahnung von Noten hatte, dafür aber intuitiv richtig
phrasierte. Die beiden taten sich zusammen, probten ein
paar Mal und stellten sich dann gemeinsam auf die Bühne,
die sie allerdings mit dem Trio des Vibrafonisten Red
Norvo teilen mussten, der damaligen Hauptattraktion im
Haig. Das Klavier war daher in der Abstellkammer gelandet und so waren die Musiker dazu angehalten, ohne das
Harmonieinstrument auszukommen. Die ersten Wochen
ging die Rechnung nicht auf, denn die Bläser wussten
nicht, was sie mit den Leerstellen machen sollten. Doch
dann fanden sich die Instrumente zusammen und erkann-
ten das Manko als Chance. Am 16. August 1952 gingen sie
zum ersten Mal für das noch junge Label Pacific Jazz ins
Studio. Die Single *Bernie's Tune* wurde ein Achtungser-
folg, vermittelte die Band nach San Francisco ins Black-
hawk und für weitere Aufnahmen vor die Mikrofone.
Mulligan und Baker entwickelten in rasanter Geschwindigkeit einen gemeinsamen Sound aus ineinandergreifen-
den, mit dem Kontrabass zusammen die Harmonien erset-
zenden Stil, wobei sich das akademische Saxofon und die
impulsive Trompete idealtypisch ergänzten. Die Presse

sprang auf, feierte die Combo als Urform eines neuen, coolen »West Coast« Jazz, und binnen weniger Monate waren Mulligan und Baker Stars der Szene – die sich allerdings immer weniger vertrugen. Der korrekte, etwas steife Baritonist und der naive, leichtlebige Trompeter, das ging nur bis Sommer 1953 gut. Danach arbeiteten beide in eigenen Combos, trafen sich aber gelegentlich für Tourneen oder Konzerte. Die Zusammenstellung der »Giants Of Jazz«-Reihe jedenfalls versammelt alle Hits dieser produktiven, hell lodernden Monate, von *Line For Lyons* über *Lullaby Of The Leaves* bis zu der legendären choralhaften Paraphrase von *My Funny Valentine*. Ein aus der Situation heraus entstandener Meilenstein der Arrangement- und Gestaltungskunst, der von der Geschmeidigkeit der Linien und der Kommunikationsfähigkeit zweier Talente in der passenden Kombination zehrt.

Oliver Nelson

The Blues And The Abstract Truth

Impulse! 951154-2

Stolen Moments / Hoe-Down / Cascades / Yearnin' / Butch And Butch / Teenie's Blues
Oliver Nelson (ts, as), Eric Dolphy (as, fl), Freddie Hubbard (tp), George Barrow, (bar-s), Bill Evans (p), Paul Chambers (b), Roy Haynes (dr)
New York, 23. Februar 1961

Oliver Nelsons (1932–1975) *Stolen Moments* ist vielleicht der beste Blues, der jemals geschrieben wurde, auch wenn er nicht auf Anhieb als solcher erkennbar ist. Das Thema war als 16-taktige slow-swingende Form konzipiert, ge-

gliedert in einen 8-taktigen, einen 6-taktigen und einen
2-taktigen Abschnitt, die Chorusse folgten dem klassischen 12-taktigen Schema in c-Moll und inspirierten die
Solisten zu Spitzenleistungen. Freddie Hubbard begann
mit sich aus einem kraftvoll-lyrischen Einstieg heraus
entwickelnden Trompetenmäandern, Eric Dolphys Flöte
folgte mit ausladenden Tongirlanden, Nelsons Tenorsaxofon steigerte die Stimmung um coltranehafte Hymnik und
Bill Evans nahm sie elegant retardierend im »Kind-Of-
Blue«-Stil zurück, bis das Thema schließlich den Song
ausleitete. Dieses perfekte Sextett-Stück wurde in der Folgezeit nicht nur Nelsons Erkennungsmelodie, sondern
auch seine Visitenkarte als Arrangeur und Bandleader, vor
allem in Kombination mit dem darauf folgenden fanfarenartigen Hardbop-Lick von *Hoe-Down*. Sie bildeten außerdem den Einstieg in ein wegen seiner kollektiven Kreativität, maßgeblichen Besetzung und cleveren Konzeption
zum Meilenstein des modernen Jazz avanciertes Album:
»Blues And The Abstract Truth«. Dabei war der Weg
dorthin durchaus steinig: »Als ich im März 1959 in New
York ankam, dachte ich, ich hätte bereits eine musikalische Identität. Doch es dauerte nicht lange, und alles veränderte sich. Für mich begann eine Phase der Selbst-Er-
forschung«, erklärte Nelson in den Liner Notes. Er arbeitete daraufhin für Klassiker wie Duke Ellington, Count
Basie, Jimmy Smith und beschäftigte sich in eigenen Projekten mit den afroamerikanischen Wurzeln der Musik. So
entstand auch die Idee, ein Album nur mit verschiedenen
Blues-Progressionen und Rhythm Changes aufzunehmen,
eine Art Basiswerk, das auf den formalen Grundlagen des
Jazz innovativen Solisten den Raum bot, sich zu entfalten.
Und so ergaben sich Repertoire und Besetzung von »The
Blues And The Abstract Truth« beinahe von selbst. Denn
Dolphy, Hubbard und Evans gehörten zur jungen, noch
melodisch geprägten Avantgarde, Chambers und Haynes
waren der Link in die hardboppenden Fünfziger. Nelson

selbst verstand sich überwiegend als Bandleader und Arrangeur, der behutsam von Gil Evans bis Woody Herman gestalterische Ideen entlehnte und sie in sein Konzept integrierte. Das Resultat war ein Geniestreich, an dessen Intensität und Klasse er trotz zahlreicher Versuche später nicht mehr anknüpfen konnte.

Charlie Parker Quintet
Jazz At Massey Hall
OJC20 044-2

Perdido / Salt Peanuts / All The Things You Are / Wee / Hot House / A Night In Tunesia
Dizzy Gillespie (tp), Charlie Parker (ts), Bud Powell (p), Charles Mingus (b), Max Roach (dr)
Toronto, Massey Hall, 15. Mai 1953

Die New Jazz Society hatte schlecht geplant. Für den 15. Mai 1953 hatte sie das Bud Powell Trio zu einem Konzert in die Massey Hall eingeladen, dem als Finale das »Quintett des Jahres« mit Dizzy Gillespie und Charlie Parker folgen sollte. Am gleichen Tag fand aber auch der Weltmeisterschaftsboxkampf im Schwergewicht zwischen Rocky Marciano und Jersey Joe Walcott statt. So lief der Verkauf schleppend und die Band musste vor halb leerem Haus spielen. Noch dazu war Gillespie Boxfan und zu Beginn des Konzertes dementsprechend unkonzentriert und neugierig auf den Punktestand im Ring, den man ihm zwischen den Stücken zuflüsterte. Darüber hinaus musste Parker auch noch auf einem geliehenen Instrument spielen, was dazu führte, dass das Eingangsstück *Perdido* zum Einspielen herhielt. Trotz all dieser ungünstigen Vorbedingungen ging das Bühnentreffen in der Massey Hall aber als das »Greatest Jazz Concert Ever« in die Musikgeschichte ein. Denn alle Beteiligten spielten sich derartig in Fahrt, dass man in der zweiten Hälfte des Konzerts das Gefühl bekam, ein Konzentrat der Bebop-Ära zu erleben. Über den Gillespie-Klassiker *Salt Peanuts*, bei dem Parker beinahe zornig mit dem Saxofon die Clownerien des Trompeters mit dem Publikum kommentierte, folgte ein mau intoniertes *All The Things You Are*, das aber ein wunderbar kommunikatives Doppelsolo von Saxofon und Klavier umrahmte. Höhepunkt des Konzerts war dann Gillespies *Wee*, bei dem Parker und Gillespie ihre Vorstellungen von Improvisation nebeneinander stellten, der eine impulsiv, genialisch in den Wendungen, der andere kontrolliert, melodisch einfallsreich und humorvoll. Ähnlich energiegeladen beschlossen *Hot House* und *A Night In Tunesia* das Set, das Charles Mingus vorsorglich hatte mitschneiden lassen. Da er es auf seinem eigenen Label Debut Records veröffentlichen wollte, die Basslinie aber kaum zu hören war, doppelte er sie im Multitrackverfahren, was den präsenten Sound des Kontrabasses etwa bei seinem Solo in *Hot House* erklärt. Parker wiederum stand 1953 noch bei Mercury unter Vertrag. Die Platte erschien daher unter dem Signum »The Quintet« und der Saxofonist spielte unter dem Pseudonym Charlie Chan. So kam es, dass das All-Star-Konzert in Toronto trotz widriger Bedingungen in die Annalen der Jazzaufnahmen eingehen konnte – als das Live-Ereignis, das noch einmal skizzenhaft zusammenfasste, was sich während des vorangegangenen Bebop-Jahrzehnts verändert hatte.

Art Pepper

Gettin' Together

Original Jazz Classics OJCCD 169-2

Whims Of Chambers / Bijou The Poodle / Why Are We Afraid? /
Softly As In A Morning Sunrise / Rhythm-A-Ning / Diane /
Gettin' Together / Gettin' Together (alternate take) / *The Way*
You Look Tonight
Art Pepper (as), Conte Candoli (tp), Wynton Kelly (p), Paul
Chambers (b), Jimmy Cobb (dr)
Los Angeles, 29. Februar 1960

Wer in den Jahren zwischen dem Bebop und Ornette Coleman einen Altsaxofonisten hören wollte, der nicht nach
Charlie Parker klang und keiner von den alten Swingern
war, hatte wenig Auswahl. Eigentlich blieben nur Lee Konitz und Art Pepper (1925–1982) übrig, die aus den Er-
kenntnissen der Aufbruchsjahre eigenständige Stilschlüsse
gezogen hatten. Konitz erhielt sich seine Eigenständigkeit,
indem er nebenher bürgerlichen Berufen nachging, um
niemandem nach dem Mund spielen zu müssen. Pepper
hingegen wählte den steinigen Weg der Drogenabhängig-
keit mit dem ständigen Auf und Ab der im Amerika der
McCarthy-Ära restriktiv zumeist mit Gefängnis und
Elektroschock verbundenen Therapie. So ist seine Laufbahn als Künstler immer wieder unterbrochen von zum
Teil langjährigen Zwangsabsenzen. Nach den Jahren im
Orchester von Stan Kenton (1946–52) folgten durchwach-
sene Lebensabschnitte, die aber Ende der Fünfziger auf
ein vorläufiges Comeback Peppers als Westcoast-Neo-
Cool-Exponent hinausliefen. »Gettin' Together« stellte
dabei einen Höhepunkt seiner Aufnahmetätigkeit aus dieser Phase dar. Das lag zum einen an der hervorragenden
Band, die wie die »Kind-Of-Blue«-erprobte Rhythmusgruppe mit Wynton Kelly am Klavier, Paul Chambers am

Bass und Jimmy Cobb am Schlagzeug sowohl souverän
sekundieren als auch mit dem Trompeter Conte Candoli
herausfordernd parieren konnte. Das Repertoire der Stu-
dio-Session bestand aus drei Originals, dem monkisch
schrägen Cool-Bop *Bijou The Poodle*, der mollig-melan-
cholischen Ballade *Diane* und dem slow-boppigen Blues
Gettin' Together. Ein Song stammte vom Bassisten
(*Whims Of Chambers*), der Rest waren altbewährte (*Why
Are We Afraid?*, *Softly As In A Morning Sunrise*, *The Way
You Look Tonight*) oder noch frische Standards (*Rhythm-
A-Ning*). Die Chemie des Zusammenspiels stimmte. Candoli blies offensiv mit starkem Ton, stellenweise trocken
wie der junge Freddie Hubbard (*Bijou*). Kelly gab sich
lässig, funky, nur stellenweise in Blockchords ausladend
(*Gettin' Together* [alternate take]). Pepper wiederum führte in unterschiedlichen Tempi und Modi seinen Einfallsreichtum vor, der eine komplexe harmonisch fundierte
Melodiebildung mit rhythmisch abgehakten, wie Denk-
pausen erscheinenden Phrasierungen und überraschenden
Wendungen der Linien kombinierte. Das Ganze wirkte
angesichts der bereits abflauenden Hardbop- und Cool-
Welle und des schwelenden Free Jazz wie zeitlose Musik
aus einer anderen Stil-Sphäre. Das macht auch den besonderen Reiz der »Gettin' Together«-Session aus.

The Oscar Peterson Trio

Night Train

Verve 821 724-2

*C-Jam Blues / Night Train / Georgia On My Mind / Bags' Groove /
Moten Swing / Easy Does It / Honey Dripper / Things Ain't
What They Used To Be / I Got It Bad And That Ain't Good /
Band Call / Hymn To Freedom*
Oscar Peterson (p), Ray Brown (b), Ed Thigpen (dr)
Los Angeles, 15./16. Dezember 1962

Count Basie soll gesagt haben, er fürchte sich vor Oscar
Peterson (*1925). Tatsächlich verfügte schon der junge
Pianist Mitte der vierziger Jahre über ein frappante Spieltechnik, die sogar den durchaus strengen Art Tatum dazu
veranlasste, ihn als seinen Nachfolger zu sehen. Genau genommen hatte er sogar noch mehr als der legendäre Über-
vater des Jazzklaviers zu bieten. Denn Peterson konnte
begleiten. Er kommunizierte mit seinen Bandkollegen,
versuchte nicht zu dominieren – auch wenn er es manchmal durch seine schiere Präsenz im Klanggefüge bereits
tat. Seine perlende Geläufigkeit, die Basis im Blues, der
Einfallsreichtum der Ornamentik der rechten Hand, die
zielstrebig swingende, walkende, Stride-geschulte linke,
die Differenzierungskraft und Nuancierung der Interpretation reiften während der Fünfziger in zahllosen Engagements im Umkreis des Impresarios und Labelchefs Norman Granz zu einer Perfektion, die den kanadischen
Wahlamerikaner unter den traditionell modern spielenden
Pianisten einzigartig machte. Das wurde auch bei seiner
populärsten Trio-Platte »Night Train« deutlich, die durch
das Wechselspiel von bekannten Interpretationen und Petersons Persönlichkeit ihren speziellen Charme bekam.
Denn zehn von elf Stücken waren Standards, allein vier
davon von Duke Ellington. Peterson spielte sie jedoch mit

einer Selbstverständlichkeit, als wären sie für ihn geschrieben worden. Er plauderte und schwadronierte, kokettierte mal mit Ellingtons Drop-Downs und Stopps (*C-Jam Blues*, *Night Train*), mal mit Basies Reduktionismus (*Easy Does It*), harmonisierte elegant wie Erroll Garner oder stimmte einen irrwitzigen Swing-Boogie an (*Honey Dripper*). Ray Brown und Ed Thigpen erwiesen sich als ideal groovende Partner, zugleich eigenständig und konservativ genug, um in Petersons Kosmos zu passen. Lediglich seine eigene Komposition *Hymn To Freedom* fiel aus dem Rahmen. Mit ihrer südafrikanisch-pastoralen Stimmung deutete sie bereits Petersons Rückbesinnung auf seine musikkulturellen Wurzeln an, die ihn dann in den Siebzigern beschäftigte.

Bud Powell

The Amazing Bud Powell Vol. 1

Blue Note 532 136-2

Dance Of The Infidels / *52ⁿᵈ St. Theme* / *Wail* / *Bouncing With Bud*
Fats Navarro (tp), Sonny Rollins (ts), Bud Powell (p), Tommy Potter (b), Roy Haynes (dr)
Ornithology / *You Go To My Head*
Bud Powell (p), Tommy Potter (b), Roy Haynes (dr)
New York City, 9. August 1949

Un Poco Loco / *It Could Happen To You* / *A Night In Tunesia* / *Over The Rainbow* / *Parisian Thoroughfare*
Bud Powell (p), Curly Russell (b), Max Roach (dr)
New York City, 1. Mai 1951

Bud Powell (1924–1966) stand sich ein Leben lang selbst im Weg. Alkohol und Drogen, Elektroschockbehandlung und Schizophrenie verbrauchten in übereiltem Tempo seine Energien, bis hin zum frühen Tod. In den luziden Momenten jedoch revolutionierte er als wichtigster Stilist des Bebop neben Thelonious Monk die Vorstellung vom Jazzklavier. Die linke Hand verstand er rhythmisch unabhängiger als Earl Hines oder Art Tatum und setzte Akkorde ebenso unkonventionell wie Monk, ohne ihn zu kopieren. Die rechte knüpfte an die von Charlie Parker entwickelten Phrasierungen an und ergänzte sie um gewagt alterierte Harmonisierungen, worauf seine typischen, nervösvirtuosen Single-Note-Linienbildungen aufbauten. »The Amazing Bud Powell Vol. 1« stellt die beiden ersten Studiosessions zusammen, die der Pianist für Blue Note aufnahm, und präsentiert ihn in drei verschiedenen Settings und vielfältigen stilistischen Exkursen. Da sind zunächst die mit dem noch jungen Sonny Rollins und dem Trompetenstar Fats Navarro aufgenommenen Kompositionen, die wie der Up-Time-Bop *Wail* kompakt zusammenfassen, was während der vergangenen fünf, sechs Jahre in den Kreisen um Parker, Dizzy Gillespie und Powell stilistisch und interpretatorisch entwickelt worden war. Weitaus spannender als die Quintett-Einspielungen sind aber die beiden Trios und vor allem die Solo-Aufnahmen der Sammlung. *You Go To My Head* nimmt in den akkordischen Auflösungen und Blockchord-Figuren des Standards bereits die Impressionismen des frühen Bill Evans vorweg. *Ornithology* wiederum ist eine überraschend alterierte und atemberaubend virtuose Variation des Parker-Klassikers. Als Powell zwei Jahre später abermals im Trio ins Studio ging, stand nicht nur sein Hit *Un Poco Loco* auf dem Programm, dessen rhythmisch vertracktes Zusammenwirken des nervösen Latin-Themas in der linken Hand mit den fließenden Melodisierungen der rechten eine Interpretationsfolie für die zahlreichen Cubop-Versuche der kommenden Jahre bot. Besonders faszinierend blieben vielmehr die beiden Solo-Klavier-Improvisationen über *Over The Rainbow* und *It Could Happen To You*. Powell wirkte hier, als wolle er seine Vorläufer kommentieren, Haynes' gelassene Stride-fundierte Begleittechnik, Tatums von oben angesetzte Tonsalven, und sie in sein System ausgelassener und geläufiger Akkordfolgen einpassen. So ist »The Amazing Bud Powell Vol. 1« ein Grundlagenwerk der pianistischen Jazzmoderne, von dem aus sich vieles herleiten lässt, was bis zur Sprengung der Form durch Revoluzzer wie Cecil Taylor in den Folgejahren passierte.

Tito Puente

Mambo Diablo

Concord Picante CCD-4283-2

Mambo Diablo / Take Five / Lush Life / Pick Yourself Up / Lullaby Of Birdland / No Pienses Asi / China / Eastern Joy Dance
Jimmy Frisaura (tp, fl, valve-tb), Ray Gonzales (tp, fl), Mario Rivera (ss, ts, fl), Sonny Bravo (p), Bobby Rodriguez (b), Johnny ›Dandy‹ Rodriguez (dr), Tito Puente (vib, timb, perc), Jose Madera (conga, perc), George Shearing (p, # 5)
San Francisco, Coast Recorders, Mai 1985

Den Begriff »Salsa« hörte Tito Puente (1923–2000) nicht gerne. Er spiele nun mal keine Soße, sondern Musik, meinte der New Yorker Perkussionist, Bandleader und Komponist, wenn er darauf angesprochen wurde. Und die war in unterschiedlicher Intensität mit dem Jazz verbunden. Seit er sich nach seinem Studium an der Juilliard School 1947 und einer kurzen Lehrzeit bei Latin-Stars wie Machito in den freien Markt der Tanzorchester stürzte,

wechselte er phasenweise seine Vorlieben. Aus dem Cubop der fünfziger Jahre heraus entwickelten sich Projekte
wie die Zusammenarbeit mit Woody Herman, dann wieder stand er mit seinem Orchester lange Jahre der Sängerin Celia Cruz zur Seite und schrieb nebenbei großartige
Kompositionen wie *Oye Como Va*, die Carlos Santana
zum Welthit machte. Als Puente zu Beginn der achtziger
Jahre einen Plattenvertrag mit der Firma Concord unter-
schrieb, wandte er sich wieder deutlicher der improvisierenden Szene zu. Nach dem Erfolgsalbum »On Broadway« (1983) nahm er im Mai 1985 mit seinem sieben-
köpfigen Latin Ensemble eines seiner aus Jazzperspektive
ergiebigsten Alben auf. »Mambo Diablo« präsentierte eine
bunte Mixtur aus Standards und Eigenkompositionen, die
von Billy Strayhorn über Paul Desmond bis Mulgrew
Miller reichte. Vor allem die Jazzklassiker wurden mit einem Lächeln auf den Latinbeat eingeschworen, was dazu
führte, dass *Take Five* statt mit dem berühmten ⁵⁄₄-Takt
straight als ¼ gespielt wurde, mit Trompetenbläsersätzen
und reichlich Perkussion endlich vom Stigma des Intellek-
tualismus befreit. Für *Lullaby Of Birdland* lud sich Puente den Komponisten des Stücks, George Shearing, vor die
Mikrofone, der unüberhörbar Spaß daran hatte, seine
markanten Blockchords am Klavier in den latin-swingen-
den Rahmen zu passen. *Lush Life* wiederum startet als
smarter Bolero, avanciert dann zum Cha-Cha-Cha und
stellt sowohl Puente als pointierten Vibrafonisten als auch
den Saxofonisten Mario Rivera als soliden Melodiearbeiter
mit Feingefühl für Steigerungsfiguren am Tenor vor.
Überhaupt fällt »Mambo Diablo« in seiner Gesamtheit
durch die Ausgewogenheit der Ausdrucksmittel auf, die
mit Witz, aber ohne aufdringliches Virtuosen-Machotum
das Latin-Idiom im modernen Jazzkontext definiert. Insofern ist es das ideale Einstiegsalbum für willige Stilkonver-
titen und eines der besten in der rund 150 Titel zählenden
Diskografie von Puente noch dazu.

Django Reinhardt

Pêche À La Mouche –
The Great Blue Star Sessions 1947/1953

Verve 835 418-2

CD 1: *Pêche À La Mouche / Minor Blues / For Sentimental Reasons / Danse Norvegienne / Blues For Barclay / Folie À Amphion / Vette / Anniversary Song / Swing 48 / September Song / Brazil / I'll Never Smile Again / New York City / Django's Blues / Love's Mood / I Love You*
CD 2: *Topsy / Moppin' The Bridge – Micro / Insensiblement / Mano / Blues Primitif / Gypsy With A Song 1 & 2 / Night And Day / Confessin' (That I Love You) / Blues For Ike / September Song / Night And Day / Insensiblement / Manoir De Mes Rêves / Nuages / Brazil / Confessin' (That I Love You)*
Verschiedene Besetzungen – Django Reinhardt et son Quintette, Django Reinhardt et son Orchestre, Django Reinhardt et le Quintette du Hot Club de France, Rex Stewart Quintet, Django Reinhardt et ses Rhythmes –; u. a. Django Reinhardt, Joseph Reinhardt, Eugène Vées (g), Hubert Rostaing (cl), Maurice Vander (p), Emmanuel Soudieux, Pierre Michelot (b), André Jourdan, Jean-Louis Viale (dr)
Paris, 16. April / 6. und 18. Juli / 4. Oktober / 10. Dezember 1947, 10. März 1953

Nach Kriegsende hatte es zunächst ganz gut für Django Reinhardt (1910–1953) ausgesehen. Als einer der wenigen ernstzunehmenden Jazzmusiker Europas dieser Jahre, der in den Dreißigern zusammen mit Stéphane Grappelli eine eigene Stilsprache entwickelt hatte, war er in die Staaten eingeladen worden, um mit Duke Ellington auf Tournee zu gehen. Dort traf er auf viele berühmte Swing- und Bebop-Musiker, die sich von seiner Kunst begeistert zeigten – zumal die Jazzgitarre bislang außer Charlie Christian wenig wirkliche Genies hervorgebracht hatte. Doch Reinhardt selbst fühlte sich nicht wohl. Im fremden Land unter fremden Leuten wurde er launisch, unzuverlässig, einsam, und er kehrte im Februar 1947 überstürzt nach Frankreich zurück. Dort empfing ihn in Saint-Germaindes-Prés eine junge Gemeinde aus Musikern und Fans, die ihm wieder das Gefühl eines Zuhauses gaben. Dementsprechend gut gelaunt begab er sich das Jahr über mehrfach ins Studio, um mit seinem Quintette du Hot Club de France um den Klarinettisten Hubert Rostaing verschiedene zum Teil neue Stücke aufzunehmen. Und noch etwas war anders. Reinhardt hatte angefangen, seine Gitarre gelegentlich mit einem Mikrofon zu verstärken und auf diese Weise Sound und Präsenz deutlich zu verändern. Unter dem Eindruck der Amerikareise fanden Songs wie *Topsy* Eingang in sein Repertoire, überhaupt wirkte Reinhardt gelöst wie lange nicht mehr. Allerdings stellten sich bereits Ende 1948 Ermüdungserscheinungen ein. Er zog sich aufs Land zurück, spielte Billard, fischte, lebte von Tantiemen. Nur gelegentlich ließ er sich zu Konzerten oder Aufnahmen überreden. Eine davon sollte schließlich zu einer seiner besten werden. Im März 1953, zwei Monate vor seinem Tod an einer Gehirnblutung, trat Reinhardt mit Maurice Vander, Pierre Michelot und Jean-Louis Viale ins Studio und nahm seine jazzigste Platte auf. Diesmal an der Halbakustischen, phrasierte er ungemein locker, ließ sogar das elektrische Instrument in unnachahmlicher Weise singen. Die Versionen von *Insensiblement*, *Nuages* und *Brazil* sind in ihrer Ausgewogenheit, Gesamtwirkung und solistischer Brillanz die besten, die ihm jemals gelangen. So wurden gerade diese Sessions zum Vermächtnis, die erahnen lassen, was noch alles hätte kommen können. Doch es blieb Gitarristen wie Bireli Lagrène, Charlie Byrd, Philip Catherine, Larry Coryell oder John McLaughlin überlassen, Reinhardts Erbe auf unterschiedliche Weise anzutreten.

Max Roach / Oscar Brown Jr.

We Insist! Freedom Now Suite

Candid CCD 79002

*Tears For Johannesburg / Driva' Man / Triptych: Prayer – Protest
– Peace / All Africa / Freedom Day*
Abbey Lincoln (voc), Coleman Hawkins, Walter Benton (ts),
Booker Little (tp), Julian Priester (tb), James Schenk (b), Max
Roach (dr), Michael Olatunji (conga), Raymond Mantillo,
Tomas du Vall (perc)
New York City, 31. August / 6. September 1960

Die National Association for the Advancement of Colored
People hatte dem Schlagzeuger Max Roach (* 1924) und
dem Texter Oscar Brown Jr. den Auftrag erteilt, ein Mu-
sikstück zum 100. Jahrestag der Proklamation der Sklaven-
befreiung zu gestalten. Heraus kam »We Insist! Freedom
Now Suite«, ein Werk, das mit hypnotischer Intensität die
Hörer in den Bann zog. Der Rezensent des renommierten
Jazzmagazins ›Down Beat‹ zögerte Anfang 1961 nicht einen Moment, dem Album die selten vergebene Höchstwertung zuzugestehen, und meinte zur Begründung: »Ich
weiß nicht, ob das noch Jazz ist. Das tut aber wenig zur
Sache. Denn ich weiß, dass es großartige Musik, kraftvolle
Musik, vitale Musik ist. Oscar Brown Jr. und Max Roach
haben ein Werk geschaffen (ob es eine Suite ist, sei dahin-
gestellt), das in komprimierter Form eine Geschichte der
Flucht vor Unterdrückung in diesem Land und in Afrika
darstellt. Diese Botschaft ist wichtig.« Und sie wurde von
Roach mit viel Kunstfertigkeit konzipiert. Im Zentrum
stand dabei die Stimme der Sängerin Abbey Lincoln, die
wenige Jahre zuvor die Geschichte der Schwarzen für sich
entdeckt hatte und sich seitdem als politische Interpretin
engagierte (und 1962 Roach heiratete). Sie hatte die nötige
Unmittelbarkeit, um die Ausbeutung von Sklavinnen an-

zuprangern (*Driva' Man*), wortlos im Duett mit dem Schlagzeug introvertierte, aggressive, kathartische Momente zu beschwören (*Triptych*), einen Song aus afrikanischen Stammesnamen durchzuformen (*All Africa*) oder auch die Freiheit endlich triumphieren zu lassen (*Freedom Day*). Roach wiederum arbeitete polyrhythmisch in Schichtungen, integrierte mal ungerade 5/4-Metren (*Tears For Johannesburg, Driva' Man, Triptych – Peace*), mal komplexe afrikanische Muster in die Arrangements. Die lockere Form der Suite wurde durch die Lyrics von Oscar Brown Jr. inhaltlich gewährleistet, die einen Leidensweg von Südafrika bis zum *Freedom Day* skizzierten. Gäste wie der Tenorist Coleman Hawkins (*Driva' Man*) sorgten für zusätzliche Farben, das Zentrum des Albums blieb jedoch das ursprünglich als Ballett gedachte *Triptych* durch die packende Intensität des Ausdrucks, die Roach und Lincoln im Zwiegespräch entwickeln. »We Insist! Freedom Now Suite« wurde damit zu einem Meilenstein der Jazzgeschichte. Es nahm als eines der ersten Alben das Präfix »afro-« vor dem »amerikanisch« künstlerisch ernst, war politisch dezidiert und interpretatorisch in der Kombination von reduzierter, ethnisch beeinflusster Tonsprache und Nachhaltigkeit der Wirkung wegweisend.

Sonny Rollins

The Bridge

RCA/BMG 74321192782

Got Bless The Child
Sonny Rollins (ts), Jim Hall (g), Bob Cranshaw (b), Harry T. Saunders (dr)
New York, 30. Januar 1962

*Where Are You / John S. / You Do Something To Me / Without A
Song / The Bridge*
Sonny Rollins (ts), Jim Hall (g), Bob Cranshaw (b), Ben Riley (dr)
New York, 13./14. Februar 1962

Die Erwartungen waren hoch. Im August 1959 hatte sich
Sonny Rollins (* 1930) auf unbestimmte Zeit von der Jazz-
bühne verabschiedet. Auf dem vorläufigen Höhepunkt seines Ruhmes als Star der Hardbop-Ära zog der Saxofonist
mit seiner zweiten Ehefrau Lucille in ein Appartement in
der Lower East Side Manhattans und begann, wieder zu
üben und Musiktheorie zu büffeln. Da sein Instrument für
eine Mietwohnung zu laut war, suchte er nach Alternativen
und entdeckte die nahe gelegene Williamsburgh Bridge für
sich. Dort konnte er nach Herzenslust spielen, lärmen, experimentieren. Immerhin waren es musikalisch bewegende
Zeiten. Der Kreis um Ornette Coleman sprengte mit wilder
Energie die formalen Ketten der Tradition. Kollege Coltrane war auf dem Weg ins Innere des Klangs. Rollins stand
daher unter Zugzwang. Und er verblüffte im Frühjahr 1962
seine Fans und Kritiker. »The Bridge« wurde kein fulmi-
nanter Rundumschlag, sondern ein moderates Statement eines Stilisten, der sein künstlerisches Selbstvertrauen wie-
dergefunden hatte. Rollins vermied die große Geste und
konzentrierte sich auf Details. Die Band dieser Wochen –
im Unterschied zu Coltranes »klassischem« Quartett
wechselte er häufig die Besetzungen – war karg und wirkungsvoll instrumentiert. Den Gruppenklang bestimmte
neben Rollins selbst vor allem der Gitarrist Jim Hall mit
trockenem Sound und lakonischen Phrasierungen. Die
sechs Lieder des Albums dokumentierten darüber hinaus
einen mit wechselnden Metren und Rubati, freien Elementen und traditionellen Hardbop-Phrasierungen jonglieren-
den Saxofonisten mit versöhnlich warmem Ton, der bis auf
die formal vertrackte Komposition *John S.* deutlich der eigenen Klangvergangenheit verpflichtet blieb. Rollins war
zurück und setzte Zeichen, ohne zu provozieren.

Louis Sclavis

Chine & Chamber Music

Label Bleu LBLC 6656/7

CD 1 »Chine«: *Duguesclin / Chanson Pour Louis De Funès / Tango / Rivière Salé / Les Chameaux /Loul / Rébarbatif I / Rébarbatif II / La Taupe / Rébarbatif I+II*
Louis Sclavis (cl, b-cl, ss), François Raulin (p, keyb), Dominique Pifarély (vl), Bruno Chevillon (b), Christian Ville (dr, perc)
Yerres, Studio Gimmick, Juli und September 1987

CD 2 »Chamber Music«: *Ottomar / Patch / Petra / Introduction À Fond Bleu / Fond Bleu / Marche / Qu'attendent-elles? / Introduction À Veronese / Veronese*
Louis Sclavis (cl, b-cl, ss), François Raulin (p, keyb), Dominique Pifarély (vl), Yves Robert (tb), Michel Godard (tuba), Philippe Deschepper (g), Bruno Chevillon (b)
Yerres, Studio Gimmick, Juli und September 1989

Es war ein mühsamer Prozess für den europäischen Jazz, sich von den afroamerikanischen Vorbildern zu lösen. Eine der Keimzellen eines neuen, kulturell eigenständigen Improvisationsverständnisses war die Association à la Recherche d'un Folklore Imaginaire (ARFI), eine Kreativkommune junger Musiker in Lyon, die der Free-Geste der Väter konzeptmusikalische Projekte entgegensetzte. Aus diesem Pool und seinen Splittergruppen ging der Klarinettist Louis Sclavis (*1953) hervor, der in den Achtzigern zunächst als Sideman (Michel Portal, Henri Texier), von 1982 an mit seinem Sextett Le Tour de France auf sich aufmerksam machte. Den Insidern durch sein Solo-Album »Clarinettes« (1984/85) bereits ein Begriff, war es jedoch »Chine«, das ihm schließlich die Türen über die französische Szene hinaus öffnete. Sein Debüt als Bandleader mit seinem festen Quartett und dem Geiger Dominique Pifarély als Gast präsentierte ein eigenwilliges Wechselspiel von

Solo-Miniaturen (*Chanson Pour Louis de Funès, Rivière Salé*) und umfassenden Themenbearbeitungen im Ensemble (*Rébarbatif*). Stilistisch noch fest in der ARFI-Nachfolge verankert, knüpfte Sclavis an zeitgenössische Klassik (*Rébarbatif II*) an, sublimierte raffiniert die artifizielle Ekstase des Tango Nuevo (*Tango*) oder jonglierte mit jazzrockiger, mittelalterlich anmutender Steigerungsästhetik (*Duguesclin*). Das Album war so ungewöhnlich, dass er prompt im Anschluss daran auf zahlreiche Festivals eingeladen wurde und Kompositionsaufträge erhielt. »Chamber Music« war zunächst für die Bühne der Reihe Banlieues Bleues gedacht, wurde aber dann mit spektakulärem Septett im Studio aufgenommen. Ohne Schlagzeug, dafür aber mit auffälligen Musikerpersönlichkeiten wie dem immens virtuosen Tubaisten Michel Godard, dem erzählfreudigen Posaunisten Yves Robert oder dem rockgeschulten Gitarristen Philippe Deschepper besetzt, reichte Sclavis weit über die Idee einer modifizierten Kammermusik hinaus. Das Konzept war die Summe der Individualisten, die seine Kompositionen interpretierten. Und an dieser Interpretationsmaxime sollte er in den kommenden Jahren mit seinen sehr verschiedenen Projekten festhalten.

John Scofield
Up All Night

Verve 065 596-2

Philiopiety / Watch Out For Po-Po / Creeper / Whatcha See Is Whatcha Get / I'm Listening / Thikhathali / Four On The Floor / Like The Moon / Freakin' Disco / Born In Troubled Times / Every Night Is Ladies Night
John Scofield (g, samples) Craig Handy (ts, fl, b-cl), Gary Smuly-

an (bar-s), Earl Gardner (tp), Jim Pugh (tb), Samson Olawale
(perc sample), Avi Bortnick (g, samples), Andy Hess (b), Adam
Deitch (dr)
West Brookfield, MA, Long View Farm Studios, Dezember 2002

»Up All Night« ist ein Sammelsurium der Stile und
Rhythmen. Jungle und Drum & Bass, Hip-Hop- und
Afrobeat, Rhythm & Blues, Calypso, Soul, Funk, ja selbst
Anklänge an Disco finden sich auf den elf Songs, die John
Scofield (*1951) im Winter 2002 mit seinem jungen Quartett und einem Bläsersatz aufgenommen hat. Überhaupt
wirkt das zunächst unscheinbare Album, das im Schatten
seiner hochgelobten Vorgänger »Überjam« (2002) und »A
Go Go« (1998) gerne übersehen wird, wie ein Konzentrat
all der Erfahrungen, die der meistkopierte und einfluss-
reichste Gitarrist der späten achtziger und neunziger Jahre
gesammelt hat. Da ist zunächst sein auf Extremkontrasten
aufbauender Individualstil, der fließende Linien neben
kantige Intervalle, logische Harmoniefolgen neben überraschende Wendungen, klare Sounds neben verzerrte, cho-
rusverfälschte Klänge stellt. Mehr als früher legt Scofield
Wert auf die Balance der Stimmungen, gestaltet eine al-
bumübergreifende Dramaturgie, die von clubbigen und
funky Rhythmen über karibische und poppige Anklänge
bis zu balladesken Momenten reicht, um schließlich im
harten R&B-Beat zu enden. Dabei trägt ihn ein verblüffend homogener, ebenfalls geschickt zwischen Samples,
schwarzem Bläserfunk und authentischer Garagenatmo
changierender Bandsound, den er mit seinem Quartett seit
Ende der Neunziger entwickelt hat. Die Songs stammen
bis auf den Soul-Klassiker *Whatcha See Is Whatcha Get*
von Scofield selbst und verzichten auf überdrehte Kom-
plexität, ohne ins Banale abzugleiten. Man hört dem live
im Studio eingespielten Album die gegenseitige Inspiration an und erlebt den Gitarristen so souverän, wie er seit
seinen Miles-Davis-Tagen nicht mehr gespielt hat.

Archie Shepp / Jasper van't Hof

Mama Rose

SteepleChase SCCD-31169

Contracts / Mama Rose / People / Kalimba / Recovered Residence
Archie Shepp (ts, ss, recitation), Jasper van't Hof (keyb, p, ka-
limba)
Villingen, 5. Februar 1982

Mama Rose war Archie Shepps (*1937) Großmutter. Sie
hatte in seiner Kindheit und Jugend einen wichtigen Platz,
denn sie war eine resolute Frau, die sich um den Jungen in
Philadelphia kümmerte. Sie nahm ihn jeden Sonntag mit
in die Piney Grove Baptist Church, ermöglichte ihm eine
musikalische Grundausbildung und kaufte ihm sein erstes
Saxofon. So ist die Emphase zu erklären, mit der Shepp
sein ihr gewidmetes Gedicht *Mama Rose* in die fugal im
Hintergrund laufenden Synthesizer-Arpeggien brüllt,
jauchzt, rezitiert. Das Stück ist das Zentrum eines im Februar 1982 zum 20-jährigen Jubiläum des Jazz Clubs Villingen veranstalteten Konzertes, das überraschend zu einem intimen und musikalisch wichtigen Ereignis im
künstlerischen Leben des aus der Avantgarde herausge-
wachsenen Saxofonisten wurde. Zunächst eine der vor
Ideen überschäumenden Schlüsselfiguren der schwarzen
Free-Bewegung der zweiten Hälfte der sechziger Jahre,
dann nach einer Bedenkpause und der inhaltlichen Neuer-
kenntnis – man müsse für die Massen verständlich sein,
wenn man sie erreichen wolle, meinte Shepp in einem In-
terview – erneut ungeheuer produktiv, hatte Shepp sich
seit 1975 in vielen verschiedenen Kombinationen aufneh-
men lassen. Aber kaum eine der Einspielungen erreichte
die Dichte und Klarheit von »Mama Rose«. Zum einen erwies sich die Kombination von Jasper van't Hofs synthetischen Klangvorstellungen und Shepps gemäßigt avantgar-

distischem Saxofonsound als komplementär. Der eine hielt
seine Sequenzer im Zaum und erlaubte ihnen nur zweck-
dienliches Geblubber und ästhetisch reizvolle, chor- und
streicherähnliche Flächen. Der andere nützte den dadurch
entstehenden Raum, um den Naturklang seiner Saxofone
einschließlich der Kiekser und Growls, der Schreie, Zieh-
töne und Stakkati wirken zu lassen. Das Spektrum der auf
CD festgehaltenen Momente reichte dabei von der Afrika-
Hommage *Kalimba*, für die van't Hof zum Daumenkla-
vier griff, bis hin zum post-free aufbrandenden *Recovered
Residence*, einer Erinnerung an die verflossenen, wild expressiven Sechziger. Shepp blieb dabei überlegt und genau
die dramaturgischen Mittel abwägend bis eben hin zum
Gefühlshöhepunkt des rezitierten Gedichts. Und »Mama
Rose« ist daher nicht sein virtuosestes Album, aber sein
persönlichstes.

Wayne Shorter

Ju Ju

Blue Note 499005-2

*Ju Ju / Deluge / House Of Jade / Mahjong / Yes Or No / Twelve
More Bars To Go*
Wayne Shorter (ts), McCoy Tyner (p), Reginald Workman (b), El-
vin Jones (dr)
Englewood Cliffs, New Jersey, 3. August 1964

Die Hälfte der Band, der Pianist McCoy Tyner und der
Schlagzeuger Elvin Jones, gehörte dem klassischen Quartett von John Coltrane an. Mit dem Bassisten Reginald
Workman hatte Wayne Shorter (*1933) bereits zwei Jahre
lang bei Art Blakeys Jazz Messengers zusammengearbei-

tet, als deren musikalischer Leiter er von 1959 bis 1964
zeitweise fungierte. Er selbst wiederum hatte eben begonnen, im Quintett von Miles Davis mitzuwirken. Eine versiertere Modern-Jazz-Band konnte man zum Zeitpunkt
der Aufnahme daher kaum finden. »Ju Ju« war nach
»Night Dreamer« (1964) das zweite Album, das der Saxofonist für Blue Note einspielte, und es sollte nach eigenen
Angaben im Anschluss an den seriösen Einstand die unbeschwerte Seite des Bandleaders betonen. Die Besetzung
war bis auf den diesmal fehlenden Trompeter Lee Morgan
die gleiche und Shorters sechs Kompositionen nahmen auf
sehr unterschiedliche Vorgaben Bezug. Das Titelstück *Ju
Ju*, ein anderes Wort für Voodoo, zum Beispiel knüpfte in
der Struktur und Reduktion des Themas an einen afrikanischen Gesang an, das im Dreierfeeling flirrende Begleitgeflecht der Rhythmusgruppe sorgte für den passenden
ekstatischen Groove. *Deluge* war ein abstrakter Blues, für
Shorter eine Veranschaulichung vom Fluss der Dinge an
sich in musikalischer Form. *House Of Jade* entstand aus
der Zusammenarbeit des Saxofonisten mit seiner Frau Irene, die die ersten acht Takte des Themas beisteuerte. Da es
durch seinen modalen Charakter exotisches Flair andeutete, bekam es den Titel *House Of Jade*. Der Name *Mahjong* wiederum knüpfte an ein in den Dreißigern in Amerika beliebtes chinesisches Spiel an und war mit einer
strengen Gliederung in einzelne, metrisch selbständige
4-Takt-Einheiten das komplizierteste Stück des Albums.
Yes Or No bezog sich auf die Gegensätze Dur (»Yes«) und
Moll (»No«) als Spannungspole des Ausdrucks. *Twelve
More Bars To Go* schließlich war ein Blues, den Shorter
für eine seiner eloquenten, von Miles Davis als »Short
Stories« umschriebenen Improvisationen nützt. Überhaupt ist der Charakter des Albums von einer gespannten
Kreativität bestimmt, die aus dem Zusammentreffen vier
starker Persönlichkeiten resultiert. Shorter, der kreative
Intellektuelle mit enormen narrativen Qualitäten, Tyner,

der wuchtig phrasierende Postromantiker mit ausladender Harmonik und perlenden Improvisationen, Workman, der volltönende Grundlagenarbeiter, und Jones, der sich und alles ständig kommentierende Polyrhythmiker – das ist die Besetzung, aus der ein Klassiker wird. Einer von vielen, die Shorter geschaffen hat.

Horace Silver
Song For My Father

Blue Note 499002-2

Calcutta Cutie / Lonely Woman / Sighin' And Cryin' / Silver Treads Among My Soul / Que Pasa (Trio Version)
Horace Silver (p), Blue Mitchell (tp), Junior Cook (ts), Gene Taylor (b), Roy Brooks (dr)
Englewood Cliffs, New Jersey, 26./28. Oktober 1963

Song For My Father / The Natives Are Restless Tonight / Que Pasa / The Kicker / Sanctimonious Sam
Horace Silver (p), Carmell Jones (tp), Joe Henderson (ts), Teddy Smith (b), Roger Humphries (dr)
Englewood Cliffs, New Jersey, 31. Oktober 1964

Horace Silvers »Song For My Father« entstand in einer künstlerischen Umbruchphase. Seit Ende der Fünfziger hatte der Pianist (* 1928) hauptsächlich mit seinem Stammquintett um die Bläser Blue Mitchell und Junior Cook gearbeitet. Mit ihnen perfektionierte er den souljazzigen Sound, an dem er schon 1954 als Mitgründer der Jazz Messengers gearbeitet hatte. Als die Band sich jedoch 1964 aufzulösen begann, suchte er sich ein jüngeres Ensemble zusammen, das den typischen Klang seines Ensembles ähnlich, aber doch ungestümer umsetzten konnte. Mit dem

Tenorsaxofonisten Joe Henderson und Carmell Jones an der Trompete bot sich eine passende Besetzung, die über die nötige Power verfügte, die Silver sich vorstellte. »Song For My Father« kombinierte daraufhin beide Formationen auf einer LP und stellte die Sophistication des alteingespielten Quintetts der kraftvollen Leichtigkeit des neuen gegenüber. Veröffentlicht wurden *Song For My Father, The Natives Are Restless Tonight, Calcutta Cutie, Que Pasa, The Kicker* und *Lonely Woman*, die anderen vier Stücke wurden erst der CD-Version als Bonus hinzugefügt. Bis auf Hendersons vergleichsweise konventionellen Hardbop-Ausflug *The Kicker* waren alle Kompositionen von den typischen Silver-Merkmalen bestimmt: kurze, in sich abgeschlossene, eingängige Themen, zumeist unisono von den Bläsern und gedoppeltem Piano gespielt; Frage-Antwort-Muster zwischen Solisten und Ensemble, wahlweise zwischen linker und rechter Hand am Klavier; latent vorherrschende Blues-Stimmung mit Quintencharakteristik bei den Bass-Motiven. Auffällig war das Choralhafte einiger Themen (*Calcutta Cutie, Que Pasa, Lonely Woman*), im Kontrast vor allem zum Überschwang der Bläser (*The Natives, The Kicker*). »Offensichtlich ist in Silvers Klavierspiel die Liebe zu grundlegender Melodik verbunden mit der klugen Umsetzung der Einfälle und einem nachdrücklichen rhythmischen Schwung dort, wo er nötig ist«, konnte man im Februar 1965 im Jazzmagazin ›Down Beat‹ lesen. Und tatsächlich war es genau die Kunst der passenden Balance der dynamischen und songdramaturgischen Ausdrucksmittel, die das Werk insgesamt rund und in sich ruhend erscheinen ließ. Außerdem war das Titelstück ein unwiderstehlicher Ohrwurm, so dass »Song For My Father« zu Silvers bekanntestem Album avancieren konnte und neben Ray Charles und Cannonball Adderley dem Soul Jazz in der aufkeimenden Hippie-Ära einen festen Platz im musikalischen Bewusstsein sicherte.

Tomasz Stanko Septet

Litania

ECM 1636

*Svantetic / Sleep Safe And Warm / Night-Time, Daytime Requiem /
Ballada / Litania / Sleep Safe And Warm (Version 2) / Repeti-
tion / Ballad For Bernt / The Witch / Sleep Safe And Warm
(Version 3)*
Tomasz Stanko (tp), Bernt Rosengren (ts), Joakim Milder (ts, ss),
Bobo Stenson (p), Terje Rypdal (g), Palle Danielsson (b), Jon
Christensen (dr)
Oslo, Rainbow Studio, Februar 1997

Krzysztof Komeda gehörte zu den vergessenen Musikern
und Komponisten Polens und zu den Weggefährten des
jungen Tomasz Stanko (*1942) in den sechziger Jahren:
»Die polnische Jazzszene war damals sehr aktiv und stand
in engem Kontakt zu Regisseuren, Autoren, Schauspie-
lern. In der Mitte von all dem war Komeda – ein sehr ruhiger Mensch. Bei Proben gab er uns keine Vorgaben,
nichts. Er überreichte uns die Notenblätter, wir spielten
und die Ruhe war sehr stark und intensiv«, erinnerte sich
der Trompeter im Booklet des Albums »Litania«, das er
fast drei Jahrzehnte nach dem Tod Komedas zu dessen
Ehren aufgenommen hatte. Für Stanko war es eine Her-
zensangelegenheit, denn in den Bands und Studiofor-
mationen seines Landsmannes lernte er nicht nur sein
Handwerk, sondern auch eine Grundeinstellung, die auf
Ehrfurcht und Liebe zur Musik basiert. Komeda war
allerdings nicht nur Pianist und Motor des frühen polni-
schen Jazz, sondern schrieb auch die Soundtracks zu den
Filmen von Roman Polanski. Daher wählte Stanko für seine Hommage Melodien wie *Sleep Safe And Warm* aus
»Rosemary's Baby« (1967), die er gleich in drei Varianten
interpretierte, und *Ballada* und *Ballad For Bernt* aus dem

Frühwerk »Das Messer im Wasser« (1961) aus, die er mit den übrigen Songs über die kammermusikalische Grundstimmung hinaus zu jazzigeren Sequenzen kombinierte. Sein skandinavisches All-Star-Sextett mit dem Gitarristen Terje Rypdal als Gast streifte dabei choralhaft versunken, zuweilen elegisch durch einen Klangkosmos aus langen Spannungsbögen und mollgetönten Rubato-Stimmungen. Es herrscht ein schwebender, verhalten schillernder Ton vor, der von Solisten wie dem ebenfalls bereits bei den Original-Filmmusik-Sessions beteiligten Saxofonisten Bernt Rosengren (*Ballad For Bernt*) mit getragenen, nur selten das freie rhythmische Pulsieren verlassenden Figuren ergänzt wurde. So entstand ein in sich stimmiges kammerjazziges Requiem, das in der Saison 1997/98 sowohl auf CD wie auf der Bühne in Europa als Jazzereignis des Jahres gefeiert wurde.

Sun Ra and The Arkestra
Sound Of Joy

Delmark DD-414

El Is A Sound Of Joy / Overtones Of China / Two Tones / Paradise / Planet Earth / Ankh / Saturn / Reflections In Blue / El Viktor / As You Once Were / Dreams Come True
Art Hoyle, Dave Young (tp), Julian Priester (tb), Pat Patrick (as, bar-s), John Gilmore (ts), Charles Davis (bar-s), Sun Ra (p, el-p), Victor Sproles (b), William Cochran (dr) Jim Herdon (timb, perc), Clyde Williams (voc)
Ort unbekannt, November 1957

Im Jahr 1952 erklärte sich Herman Poole Blount (1914–1993) zum Bürger des Saturns und nannte sich fortan mit Hinweis auf den ägyptischen Sonnengott Sun Ra. Als cha-

rismatische Persönlichkeit sammelte er bald eine Reihe
ausgezeichneter und treuer Musiker wie Pat Patrick und
John Gilmore um sich, die er mit einem Workshop-Arkes-
tra (von *Ark* ›Arche‹) an seinen Ideen der Fortführung des
Bebops und Hardbops in Richtung eines die engen
menschlichen Grenzen verlassenden Soundsystems teilha-
ben ließ. Dabei entwickelte er eine wilde Mischung aus
Verkleidung, Show, Tanz, Lichteffekten und theatralischen
Einschüben, die vor allem in den sechziger Jahren der
Free-Szene und den ambitionierten Hippies Impulse gab.
Was für die einen alberner Voodoo-Zauber war, galt den
anderen als künstlerische Offenbarung eines genialen
Eklektikers, der die laufenden stilistischen Strömungen in
einer Mixtur aus Postbop, Elektronik, Psychedelik und
Schmalz auf den Punkt brachte. Der Vorwurf der Scharla-
tanerie mochte auf der Ebene der Inszenierung greifen,
musikalisch und spieltechnisch hingegen war Sun Ra vielen Zeitgenossen ebenbürtig. »Sound Of Joy« zum Beispiel war die in sich geschlossenste der frühen, stilbildenden Aufnahmen des Arkestras. Manche Kompositionen
bezogen sich wie *Reflections In Blue* noch deutlich auf
den Hardbop der Mittfünfziger, andere wie *El Is A Sound
Of Joy* zitierten den Geist des Cool, konterkarierten ihn
aber mit großen Intervallen oder dissonanten Akzenten
am Klavier. *Overtones Of China* kokettierte mit fernöstli-
chen Melodieführungen, *Two Tones* hätte von den Four
Brothers geschrieben sein können, *Paradise* lehnte sich an
Ahmad Jamals Afrikanismen an, so wie überhaupt vieles
auf den ersten Eindruck bekannt erschien. Doch Sun Ra
durchzog die Aufnahmen mit irritierenden Elementen,
seien es seine exaltierten Klavierausbrüche, die stilistisch
zwischen Monk, Ellington und dem jungen Cecil Taylor
vermittelten, sei es aber auch der gezielte Einsatz des zur
damaligen Zeit noch nahezu unbekannten elektrischen
Pianos in seiner Miniatur-Big-Band. Zieht man die beiden
schnulzigen Bonus-Titel der CD *As Once You Were* und

Dreams Come True mit dem Sänger Clyde Williams ab, so bleibt »Sound Of Joy« ein souveränes Einstiegsalbum in die Klangwelt eines Sonderlings, das den Geist der Subversion in sich trägt.

Art Tatum

The Best Of The Complete Pablo Solo Masterpieces

Pablo PACD-2405-442-2

Too Marvelous For Words / I've Got The World On A String / Stompin' At The Savoy / You Go To My Head / Makin' Whoopee / Stardust / Crazy Rhythm / Mean To Me / Body And Soul / Ain't Misbehavin' / I Cover The Waterfront / Would You Like To Take A Walk / Cherokee / In A Sentimental Mood / Night And Day / Tea For Two / I Didn't Know What Time It Was / Over The Rainbow / On The Sunny Side Of The Street / Someone To Watch Over Me

Art Tatum (p)
Hollywood, Radio Recorders, 28. und 29. Dezember 1953 / 22. April 1954 / 19. Januar 1955

Die komplette Sammlung der »Solo Masterpieces« umfasst sieben CDs und ist eine Herausforderung für jeden Pianisten und Hörer. Denn auf Anregung des Impresarios und Labelchefs Norman Granz spielte Art Tatum (1910–1956) über zwei Jahre hinweg eine Art Essenz seiner Klavierkunst ein. Bereits die Zusammenfassung einiger Höhepunkte auf der dazugehörigen Best-Of-Compilation genügt dabei, um das einhellige Urteil der Fachwelt nachvollziehen zu können, der fast blinde Musiker sei der größte Jazzpianist aller Zeiten gewesen. Was Tatum da anhand von zwanzig zum Teil reichlich abgedroschenen

Standards an Variations- und Dekonstruktionsmöglich-
keiten demonstriert, ist auch nach einem halben Jahrhundert noch frappierend. Da sind zunächst seine schon un-
wirkliche Geläufigkeit sowohl in der rechten, wie auch –
durchaus unüblich – nahezu ebenso in der linken Hand,
sein unabänderlich sicheres Timing und die formale Ab-
straktionskompetenz, selbst bei harmonisch weit fächern-
den Akkordexkursen die Übersicht zu behalten. Da ist ein
Panoptikum der stilistischen Bezüge, das von den Stride-
Sprüngen der Harlemer Schule über die rhythmischen und
harmonischen Erweiterungen des Swing bis zu den melodischen Girlanden des Bebop führt und alles zugleich mit
kreativer Selbstverständlichkeit in ein individuelles Aus-
druckssystem intergriert. Vor allem aber ist da die Fähigkeit, trotz struktureller Konsequenz loslassen zu können,
Interpretationen zu gestalten, die sich scheinbar nur noch
rudimentär mit den Vorlagen beschäftigen, ohne sie allerdings zu verlieren. Sein *Tea For Two* ist eine Rhapsodie
über ein fernes Thema und trotzdem traditionell, *In A
Sentimental Mood* eine Studie zur harmonischen Alterier-
barkeit einer vorgegebenen Form, *Makin' Whoopee* stellt
jeden noch so haarsträubenden Bebop-Riff ob seiner Geläufigkeit und changierenden Rhythmus- und Harmonie-
arbeit in den Schatten. Mit anderen Worten: Sind viele
Aufnahmen Tatums aus seinen Erfolgsjahren seit 1935 bereits erstaunliche Kunstwerke, so laufen die »Solo Masterpieces« vollkommen außer Konkurrenz.

Cecil Taylor

Conquistador!

Blue Note 576749-2

Conquistador / With (Exit)
Cecil Taylor (p), Bill Dixon (tp), Jimmy Lyons (ts), Henry Grimes,
  Alan Silva (b), Andrew Cyrille (dr)
Englewood Cliffs, New Jersey, 6. Okober 1966

Bei Cecil Taylor (*1933) wurde der Flügel in Rudy van
Gelders Studio mehr gefordert als üblich. Denn der Pianist
verstand das Instrument nach eigenen Angaben als Trom-
mel mit 88 Tasten, deren Klangmöglichkeiten er nicht nur
linear-melodisch, sondern vertikal-dynamisch auszuschöp-
fen versuchte. Dabei konnte er als Sprössling einer bürgerlichen Mittelschichtsfamilie schwarzer und indianischer
Abstammung auf einen umfassenden, gut ausgebildeten
musikalischen Horizont zurückgreifen, der von der klassischen europäischen Avantgarde bis zu den verschiedenen
Spielformen der afroamerikanischen Tradition reichte.
Taylor, der von einigen Kollegen als der eigentliche Initia-
tor der jazzenden Moderne verstanden wurde, hatte nach
Anfängen in traditionellen Combos seit Mitte der Fünfziger begonnen, mit eigenen Bands an der Entwicklung
seiner individuellen Tonsprache zu arbeiten. Die Aufbruchsjahre 1959 bis 1962 erwiesen sich zunächst als ungewöhnlich produktiv. Dann wurde es aufgrund mangelnder
Auftrittsmöglichkeiten ruhiger um den Pianisten, obwohl
er 1964 begonnen hatte, sich mit Gleichgesinnten zusammen in der Jazz Composers' Guild selbst zu organisieren.
Als er im Oktober 1966 die Möglichkeit bekam, für Blue
Note ein Album aufzunehmen, rief er daher seine seit mehreren Jahren bewährte Unit zusammen, mit der er das Risiko der spontanen Komposition vor laufenden Mikrofonen eingehen konnte. Denn Taylors musikalische Vorstel-

lungen erforderten ein hohes Maß an Konzentration und kollektiver Intuition. Die Session von »Conquistador!« bestand aus zwei Passagen, deren Trennung vor allem den technischen Grund der Aufteilung auf zwei LP-Seiten hatte. Inhaltlich hingen sie eng zusammen und bildeten ein sich in verschiedenen Zyklen entwickelndes Klanggemälde. Taylors Talent, nach berserkerhaften Clustern stimmig wieder in harmonische Passagen zu münden, überhaupt seine Fähigkeit, dynamische, stilistische und inhaltliche Kontraste zu entwerfen und aufzuheben, übertrug sich auf die gesamte Band. Rücknahme und Eruption, Pianissimo und Donnerschlag, formale Klarheit und freier Fluss verknüpften sich komplementär und ließen »Conquistador!« im Unterschied zu anderen Artefakten der Free-Ära als in sich geschlossenes Werk erscheinen. Insofern war Taylor seiner Zeit tatsächlich voraus. Seine Freiheit bestand in der Korrespondenz mit der Form, nicht in deren Ablehnung. Damit wurde er zum Vordenker der sublimierten Avantgarde der Siebziger, die ihn dann auch als ihren Ahnherrn gebührend feierte.

Bobby Timmons

This Here Is Bobby Timmons

Riverside OJC20 104-2

*This Here / Moanin' / Lush Life / The Party's Over / Prelude To
A Kiss / Dat Dere / My Funny Valentine / Come Rain Or Come
Shine / Joy Ride*
Bobby Timmons (p), Sam Jones (b), Jimmy Cobb (dr)
New York, 13./14. Januar 1960

Bobby Timmons (1935–1974) wuchs bei seinem Großvater in Philadelphia auf, durch den er mit zwei musikalischen Welten eng in Kontakt kam. Denn sein Opa war

Pfarrer, musikverständig und erkannte frühzeitig das Talent des Knaben. Er brachte ihm die Grundlagen des Orgelspiels bei, und so saß Timmons bereits als Teenager in der Kirche und begleitete die Gemeinde. Der andere Einfluss war das gemäßigt moderne Jazzbiotop Philadelphias. John Coltrane sammelte dort erste Live-Erfahrungen, die Heath-Brüder jammten in Bars, New York war nicht weit, aber doch entfernt genug, um die Szene familiär wirken zu lassen. So konnte Timmons seinen speziellen Stil entwickeln, der zum einen deutlich auf die Call-&-Response-Strukturen der Kirchenmusik, auf Gospel und Blues Bezug nahm, zum anderen die hardboppigen Einflüsse vor allem Bud Powells integrierte. Seine ersten Jobs spielte er an der Seite Kenny Dorhams und Chet Bakers, richtiger Erfolg folgte in den Bands von Art Blakey (1958/59, 1961) und Cannonball Adderley (1959/60), die beide Kompositionen von ihm als Erkennungsmelodien übernahmen: Blakeys Jazz Messengers wurden bald mit *Moanin'* verbunden, Adderleys Quintett wählte *This Here* als Lieblingsthema. Und so hatte Timmons genügend Reputation, um im Januar 1960 mit eigenem Trio ins Studio zu gehen, um sein Debüt als Leader aufzunehmen. Unter dem Titel »This Here Is Bobby Timmons« präsentierte er sich als Soul Man mit boppenden, stellenweise quasi-klassischen Ambitionen. Billy Strayhorns *Lush Life* und das Intro zu *My Funny Valentine* gestaltete Timmons als emotionstrunkene Demonstrationen seiner harmonischen Kompetenz, die Standards *Come Rain Or Come Shine* und *Prelude To A Kiss* wirkten wiederum farblos gegenüber Interpretationen, wie sie zur selben Zeit etwa Bill Evans anbot. Seine drei Klassiker aber – *This Here*, *Dat Dere* und *Moanin'* – rissen mit Funkyness und gestalterischem Witz bis in die typisch gerollten Triolen hinein den Hörer mit und machten klar, warum Timmons in diesen Jahren als zweite Säule des Soul Jazz neben Horace Silver genannt wurde.

Lennie Tristano / Warne Marsh

Intuition

Capitol CDP 7243 852771 2

*Smog Eyes / Ear Conditioning / Lover Man / Quintessence / Jazz
Of Two Cities / Dixie's Dilemma / Tschaikowsky's Opus # 42 / I
Never Knew / Ear Conditioning* (mono) / *Lover Man* (mono) /
Jazz Of Two Cities / I Never Knew (mono)
Warne Marsh, Ted Brown (ts), Ronnie Ball (p), George Tucker (b),
Jeff Morton (dr)
Los Angeles, 3./11. Oktober 1956

*Wow / Crosscurrent / Yesterdays / Marionette / Sax Of A Kind /
Intuition / Digression*
Lennie Tristano (p), Lee Konitz (as), Warne Marsh (ts), Billy Bauer
(g), Arnold Fishkin (b), Harold Granowsky, Denzil Best (dr)
New York City, 4./14. März / 16. Mai 1949

Die Logik der Wiederveröffentlichung führt manchmal zu
eigenartigen Kombinationen. Sicher war der Tenorsaxofonist Warne Marsh ein Schüler von Lennie Tristano (1919–
1978) und stellte 1957 eine heute vergessene, reizvolle LP
mit dem Titel »Jazz Of Two Cities (Winds Of Marsh)«
vor, mit der er elegant die melodisch-harmonischen Er-
kenntnisse seiner Zeit bei dem eigenwilligen Lehrer verarbeitete. Sie steht aber in Niveau und Bedeutung weit hinter den berühmten Aufnahmen zurück, an denen er im
Frühjahr 1949 im Sextett des blinden Pianisten beteiligt
war. Der Produzent und Reissue-Spezialist Michael Cus-
cuna packte die beiden Sessions trotzdem auf eine CD, so
dass man erst 12 Titel hören muss, um zum Wesentlichen
zu kommen. Denn Tristano und seiner Schülerband gelang in der Phase des bereits am eigenen Intensitätsan-
spruch zweifelnden Bebop eine inhaltliche Neuorientie-
rung, die – wäre sie von den Zeitgenossen deutlicher
wahrgenommen worden – den Jazz durchaus vor man-

chem Inspirationstief der frühen Fünfziger hätte bewahren können. Seine Idee war ebenso einfach wie innovativ. Er wollte Melodien und Improvisationen von der Funktionsharmonik lösen. Sie sollten, wie auch die Rhythmik, als freie Variabeln verstanden werden, die der Musiker nach seinem Gutdünken neu kombiniert oder abstrahiert. Wie das genau klingen könnte, machte Tristano am 16. Mai 1949 vor. An diesem Tag nahm er mit seinen Schülern neben *Marionette* und *Sax Of A Kind* die beiden Titel *Intuition* und *Disgression* auf. Es wurden die ersten Tondokumente, auf denen sich Musiker gekonnt von den Zwängen der Form lösten und nahezu frei miteinander improvisierten. Bewusst ließ Tristano schon im Intro zu *Intuition* die Zwänge des Quintenzirkels hinter sich und führte seine Mitstreiter in die Abstraktion, die daraufhin munter miteinander und nebeneinanderher spielten und gegen Ende des Stückes sogar den Beat fallen ließen. *Disgression* wiederum wirkte eher wie die Anwendung der Dodekaphonie auf den Jazz, ein polyphones Nebeneinander verschiedener Stimmen, die allerdings den ästhetischen Rahmen des schönen Tons nicht verließen. Und das ist dann auch der Grund, warum diese beiden Stücke zwar historisch wichtig und irgendwie genial sind, trotzdem aber wenig Spuren in der Geschichte hinterließen. Denn im Unterschied zum Free Jazz, der den Schrei als Mittel und die Wut als Antrieb der Sprengung formaler Grenzen kannte, war Tristanos Freiheit eine intellektuelle, die die Negation des Rahmens als eine logische Folge begrenzten künstlerischen Ausdrucks verstand und damit ein, wenn auch beeindruckend vielfarbiges, Gedankenexperiment blieb.

Sarah Vaughan

80th Birthday Celebration

Zyx FANCD 6090-2

CD 1: *Body And Soul / You Go To My Head / I'm Sacred / I Could Make You Love Me / It Might As Well Be Spring / If This Isn't Love / The Masquerade Is Over / All Of Me / Black Coffee / Poor Butterfly / Linger Awhile / Time – Tenderley / Someone To Light Up My Life / Triste / Roses And Roses / Like A Lover / How Long Has This Been Going On? / My Old Flame / Teach Me Tonight* (alternate take)

CD 2: *I've Got The World On A String / When Your Lover Has Gone / Easy Living / I Let A Song Go Out Of My Heart* (alternate take) *In A Sentimental Mood / Chelsea Bridge / I Ain't Nothin' But The Blues / Black Butterfly / Day Dream / What Am I Here For You? / I Didn't Know About You / Rocks in My Bed / I Got It Bad (And That Ain't Good) / In A Mellow Tone / Sophisticated Lady / Everything But You / It Don't Mean A Thing (If It Ain't Got That Swing) / Lena And Lenny*

CD 3: *All The Things You Are / I Gotta Right To Sing The Blues / Just Friends / If You Could See Me Now / Send In The Clowns / From This Moment On / Bonita / Dindi / Gentle Rain / Dreamer / The Smiling Hour / The Island / I Didn't Know What Time It Was* (alternate take) *That's All* (alternate take) *Autumn Leaves / In Love In Vain / You Are So Beautiful*

Sarah Vaughan (voc), diverse Besetzungen u. a. Count Basie Orchestra, Zoot Sims, Frank Foster (ts) Oscar Peterson, Jimmy Rowles, Jimmy Jones, Antonio Carlos Jobim (p), Joe Pass, Bucky Pizzarelli (g), Richard Davis, Ray Brown (b), Roy Haynes, Louis Bellson, Grady Tate (dr)

Diverse Orte im Zeitraum zwischen 1946 und 1982

Ihr Leben lang war Sarah Vaughan (1924–1990) bestrebt, ihren Gesang noch zu verbessern. Dabei war die Sängerin aus Newark an sich schon mit einer großartigen Stimme gesegnet. Als einzige Tochter einer Waschfrau und eines Zimmermanns wurde sie zunächst in streng baptistischen Verhältnissen großgezogen. Als Kind lernte sie Klavier,

Orgel, war Mitglied des Kirchenchors. Diese Kombination von Spirituals, Innerlichkeit, aber auch musikalischer Grundausbildung war die eine Säule ihres Gesangs. Die andere erwarb sie sich in den Jahren 1943–46, als sie zunächst über den Wettbewerb im Apollo Theatre in Harlem in der Band von Billy Eckstine, dann im Kreis der jungen Bebopper wie Miles Davis und Dizzy Gillespie landete. So setzte sich ihre einzigartige Phrasierungstechnik, die oft als »hornartig« beschrieben wurde, aus Versatzstücken der Kirchen- und Clubmusik zusammen, die sie mit einer verblüffenden Variabilität des Timbres, Sonorität des Tones und Flexibilität der Linienführung bei einem Tonumfang vom Bariton bis zur Sopranlage verknüpfte. In den Fünfzigern und Sechzigern wurde die »schwarze Callas« als kommerzielle Sängerin gefeiert, obwohl sie nie wirklich in den Gefilden des Schlagers stecken blieb. Die Siebziger markierten die Rückkehr zu jazzigeren Gruppen. Insofern bietet die Zusammenstellung »80th Birthday Celebration« einen repräsentativen, die Jazzqualitäten demonstrierenden Überblick der an Schallplatten reichen Karriere von Sarah Vaughan, von der es kaum wirklich schlechte Aufnahmen gibt. Die Beispiele reichen von den Zeiten im Orchester von John Kirby 1946, als sie noch im ausklingenden Stil der Swingvokalistinnen mit einem Seitenblick auf Billie Holiday sang, über den umjubelten Newport-Auftritt am 7. Juli 1957, der mit einem charismatischen Blues wie *Black Coffee* jeden Kritiker verstummen ließ, bis zu Spätwerken wie *How Long Has This Been Going On?* an der Seite von Oscar Peterson, Joe Pass, Ray Brown und Louis Bellson. Die sentimentale Seite ist mit Auszügen aus dem Album »I Love Brazil« mit Antonio Carlos Jobim oder auch ihrem Lieblingslied *Send In The Clowns* mit dem Count Basie Orchestra abgedeckt. Richtig sensationell schließlich ist ihr famos swingendes Duo *Body And Soul* mit Ray Brown von 1978, das man eigentlich nicht mehr besser singen kann.

Dinah Washington

Blues For A Day

Dreyfus Jazz FDM 36745–2

New Blow Top Blues / It Isn't Fair / Fine Fine Daddy / Since I Fell For You / Cold Cold Heart / Fast Movin' Mama / Blues For A Day / Saturday Night / Long John Blues / Just One More Chance / If You Don't Believe I'm Leavin' / Shuckin' And Jivin' / Record Ban Blues / Richest Guy In The Graveyard / I'm A Fool To Want You / The Man I Love / Embraceable You / Wise Woman Blues / I Can't Get Started / A Slick Chick (On The Mellow Side) / Blow Top Blues / Rich Man's Blues / Juice Head Man Of Mine

Dinah Washington (voc), verschiedene Orchester und Combos, unter anderem The Cootie Williams Orchestra, The Gerald Wilson Orchestra, The Teddy Stewart Orchestra, The Lucky Thompson All Stars, The Rudy Martin Trio, Lionel Hampton And His Septet

New York / Los Angeles / Chicago, Mai 1945 bis September 1951

Dinah Washington (bürgerlich Ruth Jones, 1924–1963) war die »Queen of the Blues« (Lionel Hampton), das Bindeglied zwischen der Ursprünglichkeit der Bessie-Smith-Generation, der bebopgetönten Verruchtheit Billie Holidays und dem, was nach ihr mit Sängerinnen wie Aretha Franklin als Soul bekannt werden sollte. Ihre Songs wirkten unmittelbar, persönlich, direkt, hatten diese spezielle Lakonie, die Lässigkeit und Gefühl glaubhaft vermitteln konnte. Persönlich vom Pech verfolgt – Washington war achtmal verheiratet, litt unter starker Alkoholabhängigkeit und starb an einer nicht beabsichtigten Überdosis von Medikamenten –, gehörte sie zu den Stars der Nachkriegsjahre und schaffte mit Liedern wie *What A Difference A Day Makes* (1959) den Brückenschlag zu den Pop-Hitparaden. Washington war eine der Workaholics, die so oft wie möglich auf der Bühne und vor Mikrofonen stand, am liebsten mit Jazzmusikern, aber auch mit verschiedenen Unterhal-

tungsensembles. Als junge Frau trat sie in die Fußstapfen
ihrer Mutter und arbeitete in Chicago in einer Baptisten-
kirche als Chorleiterin, Sängerin und Pianistin, bevor sie
Lionel Hampton 1943 in seine Band holte, ihr den Künst-
lernamen Dinah Washington verordnete und sie einer
breiteren Öffentlichkeit bekannt machte. Von 1946 an ging
sie künstlerisch eigene Wege, blieb jedoch während ihrer
gesamten Karriere den Blues-Wurzeln treu. Ihre klare
Diktion, das leicht kehlige, aber nicht schrille Timbre, die
Fähigkeit, voller Natürlichkeit zu modulieren, überhaupt
die Mischung aus versteckter Ironie und Spontaneität füll-
te ihre Lieder mit einem Leben, das aus dem Vollen zu
schöpfen schien. Die Zusammenstellung »Blues For A
Day« ist daher typisch für Washingtons Repertoire, denn
sie erzählt Geschichten von versoffenen Männern und ex-
zentrischen Frauen, von Liebesleid und Alltagsfreud, gepackt in das zeitlose Gewand des Blues. Mancher Standard
etwa aus Gershwins Feder gesellt sich dazu, *Just One
More Chance* mit dem Ike Carpenter Orchestra war 1951
sogar ein Hit. Insgesamt jedoch bleibt es gleich, ob sie von
Jazz-Koryphäen wie Wynton Kelly, Milt Jackson, Ray
Brown oder von Ensembles der zweiten Bekanntheitsliga
begleitet wurde. Washingtons Präsenz ist frappant, sie
zieht den Hörer auf ihre Seite, lässt ihn teilhaben an einem
Leben voller Leidenschaften. Und das ist die hohe Kunst
des Blues-Gesangs.

Grover Washington Jr.

Winelight

Elektra Masters 7559-62608-2

*Winelight / Let It Flow (For »Dr. J«) / In The Name Of Love /
Take Me There / Just The Two Of Us / Make Me A Memory
(Sad Samba)*
Grover Washington Jr. (ts, as, ss), Bill Withers (voc), Ralph Mac-
Donald (perc), Marcus Miller (b), Steve Gadd (dr), Eric Gale (g),
Paul Griffin, Richard Tee, Bill Eaton, Ed Walsh, Raymond
Chew (keyb), Robert Greenidge (steel drums), Hilda Harris,
Yvonne Lewis, Ullanda McCullough (back voc)
Rosebud Recording Studio, Juni/Juli 1980

»Winelight« wurde ein enormer Erfolg. Das Album bekam zwei Grammys verliehen, verkaufte sich mehr als
eine Million Mal und landete in den amerikanischen Pop-
charts auf dem zweiten Platz. Und es fiel völlig aus dem
Rahmen. Denn obwohl Grover Washington (1943–1999)
selbst bereits einige Aufnahmen im Soul- und Rhythm &
Blues-Stil veröffentlicht hatte – die bekannteste war sein
Debüt »Inner City Blues« (1971) bei Motown –, waren
jazzpoppige Platten verpönt. Der Saxofonist aus Buffalo,
New York, ließ sich aber nicht beirren und lud im Som-
mer 1980 ein beachtliches Aufgebot versierter Studiomusi-
ker zum Ortstermin. Die Rhythmusgruppe mit Steve
Gadd am Schlagzeug, Marcus Miller am E-Bass und Ralph
MacDonald an der Perkussion war eine der feinsten ihrer
Tage. Richard Tee am Fender Rhodes und der Gitarrist
Eric Gale ergänzten das Klanggefüge um harmonisch
schillernde und funky groovende Elemente. Die spezielle
Note aber gaben der Soul-Sänger Bill Withers und der
Steel-Drummer Robert Greenidge, deren Auftritte den
Song *Just The Two Of Us* in die Hitparaden und Disko-
theken katapultierten. Damit ist das Besondere der Auf-

nahme jedoch nicht erklärt. Denn »Winelight« fällt vor allem durch die Homogenität der Stimmung auf. Alles fließt (ein Stück heißt auch *Let It Flow*), der Studiosound ist kompakt und über das gesamte Album hinweg gleichermaßen klar, die Kompositionen sind einfallsreich und eingängig. Dazu kommt Grover Washingtons sicheres Klang- und Stilempfinden und seine Fähigkeit, auch über ausladende Improvisationen hinweg die Spannung zu erhalten. Sein beseelter, stimmnaher Ton schmeichelt, ohne kitschig zu klingen, und die Linienbildung ist komplex, aber nicht zu kompliziert. »Winelight« war daher zum einen ein Glücksfall, darüber hinaus aber der Startschuss für eine Generation junger Saxofonisten, die wie Kenny G den populären Ansatz von Grover Washington Jr. zum Smooth Jazz verflachten.

Weather Report

Heavy Weather

CBS CK 65108

Birdland / A Remark You Made / Teen Town / Harlequin / Rumba Mama / Palladium / The Juggler / Havona
Wayne Shorter (ts, ss), Joe Zawinul (keyb), Jaco Pastorius (el-b), Alex Acuña (dr), Manolo Badrena (perc)
North Hollywood, Devonshire Sound Studios, 1976

Als Jaco Pastorius 1975 in Miami auf Joe Zawinul traf, stellte er sich mit dem Satz vor, er sei der beste Bassist der Welt. Tatsächlich war er ein außergewöhnlicher Musiker, der sowohl Sound als auch Spielweise der bundlosen Bassgitarre grundlegend prägte. Sein warmer, leicht bloppender und dabei enorm fülliger Ton auf der einen Seite, die

Einbeziehung von echten und falschen Flageoletts, Oktavierungen, Harmoniegriffen und Verzerrungen auf der anderen und die Kombination von schwarzem Groove mit
gitarristisch schnellen, ausladenden Linien war so neu und
umwerfend, dass das erste Album, auf dem Pastorius prominent zum Einsatz kam, zum Bestseller wurde. »Heavy
Weather« verkaufte allein in den USA eine halbe Million
Exemplare und das lag vor allem am magischen Bass-Spiel.
Auf der anderen Seite enthielt das Album mit *Birdland*
aber auch den nach *Mercy, Mercy, Mercy* größten Hit, den
der Bandleader und Keyboarder von Weather Report Joe
Zawinul je geschrieben hat. Das markante Synthie-Bass-
Thema, der nervöse Schlagzeugbeat, die gekonnten Dynamikkontraste, Shorters bluesiger Tenorriff bei der Bridge,
die ganze Architektur des Songs einschließlich des eingän-
gigen, sangbaren Chorus machten daraus eine Fusion-
Hymne mit überraschend großem kommerziellen Poten-
zial. Die übrigen Kompositionen alternierten zwischen
solistischem Muskelspiel wie in der Pastorius-Glanznum-
mer *Teen Town*, Kuriosa wie dem afrikanischen Trommel-
duo *Rumba Mama*, lässigem Fusion-Jam (*Palladium, Havona*) und synthiegetränktem Schmalz (*A Remark You
Made, Harlequin, The Juggler*). »Heavy Weather« wurde
auf diese Weise zu einem paradigmatischen Album für die
folgenden Jahre des Jazzrock und -pop, ohne dass erfolgreiche Bands der Achtziger von Spyro Gyra bis Steps
Ahead anders geklungen hätten.

Randy Weston

Nuit Africaine

Enja CD 2086-2

Yubadee / Little Niles / Blues To Senegal / African Nite / Con Alma / C. W. Blues / Jejouka
Randy Weston (p)
Paris, Studio Palm, 21. September 1975

Randy Weston (*1926) war einer der ersten amerikanischen Jazzmusiker, der Afrika nicht nur als ferne Inspiration einer längst vergangenen, wenn auch identitätsstiftenden Epoche verstand. »Als ich diese Musik hörte, öffnete sich etwas in mir und ich konnte nicht mehr genug davon kriegen«, meinte er über den Moment seiner kulturellen Bewusstwerdung Mitte der Fünfziger, nachdem ihn der Trommler Messada Teforo aus Guinea in die Besonderheiten der afrikanischen Rhythmik eingeführt hatte. Von da an wandte sich der Pianist aus Brooklyn konsequent der Verknüpfung seiner Jazzursprünge der Monk-Schule mit den Einflüssen vom Schwarzen Kontinent zu. Im Jahr 1967 tourte er im Auftrag des State Departements durch Afrika. Wenige Monate später ließ er sich in Marokko nieder, leitete einen Jazzclub in Tanger, bevor er nach Paris, der Drehscheibe afrikanischer Musik, weiterzog. Dort entstand 1975 auch die Solo-Aufnahme »Nuit Africaine«, eine Art Konzentrat der akustischen Erlebnisse und Erfahrungen, die Weston seit seiner Zeit in Afrika gesammelt hatte. Mit Ausnahme des Gillespie-Klassikers *Con Alma* spielte er Eigenkompositionen, denen der Clash der Kulturen anzuhören waren. Formal blieben sie Songstrukturen verpflichtet, kompositorisch wie *Yubadee* (benannt nach einem berühmten Gnawa-Musiker) oder *Little Niles* noch immer nah an Monk, inhaltlich jedoch von der Auseinandersetzung mit dem afrikanischen Zwei-zu-drei-Feeling und repetitiven Motivbearbeitungen geprägt. Vor allem die Spannung zwischen der hart gespielten, gegenläufigen linken Hand und den ebenso bewusst verschliffenen, unfertigen Akkorden und stockenden Melodieführungen in der rechten zeigt die Beschäftigung mit einer komplizierten Welt, die sich Weston im Unterschied etwa zu seinem südafrikanischen Kollegen Abdullah Ibrahim erst erkämpfen musste. »Nuit Africaine« war daher eine kleine, unspektakuläre Platte, die aber in ihrer Intimität mehr über die Kraft der musikalischen Fusion aussagt als manches opulente Großprojekt, das in den Folgejahren entstand.

Cassandra Wilson
New Moon Daughter

Blue Note 837183 2

Strange Fruit / Love Is Blindness / Solomon Song / Death Letter / Skylark / Find Him / I'm So Lonesome I Could Cry / Last Train To Clarksville / Until / A Little Warm Death / Memphis / Harvest Moon / 32–20
Cassandra Wilson (voc), Chris Whitley, Brandon Ross (g), Kevin Breit (g, bj, irish bouzouki), Gary Breit (organ), Gib Wharton (pedal steel), Graham Haynes, Lawrence ›Butch‹ Morris (cornet), Charlie Burham (vl), Tony Cedras (acc), Lonnie Plaxico, Mark Anthony Peterson (b), Dougie Brown (dr), Cyro Baptista, Jeff Haynes (perc), The Peepers (back voc)
Bearsville, NY / New York City, 1994/95

Cassandra Wilson (*1955) selbst meinte, bei diesem Album ginge es um Zyklen, um sich schließende Kreise, seien es nun grundlegende Konstellationen wie Leben und Tod (*Strange Fruit*), Liebe und Verlust (*A Little Warm Death*) oder auch die Rückbesinnung auf Songs wie Hank

Williams' *I'm So Lonesome I Could Cry* oder *Love Is Blindness* von U2 oder *Last Train To Clarksville* von den Monkees, die unter ihrem fortgeschrittnis Verständnis von Jazz wieder Sinn machten. Tatsächlich hatte die Sängerin aus Jackson (Mississippi) im Laufe des vorangegangenen Jahrzehnts eine beachtliche Entwicklung vollzogen. Von den ersten, eher experimentellen Gehversuchen im New Yorker M-Base-Kreis um Steve Coleman (»Point Of View«, 1985) über den Durchbruch als Standards-Sängerin (»Blue Skies«, 1988) war sie zur bekanntesten Vokalistin ihrer Generation herangereift. Spätestens mit dem Wechsel zu Blue Note (»Blue Light 'Till Dawn«, 1993) stellte sich auch kommerzieller Erfolg ein. Bis zu diesem Zeitpunkt hatte Wilson einen persönlichen, wiedererkennbaren Stil entwickelt, den sie auf »New Moon Daughter« weiter kultivierte und verfeinerte. Sie bevorzugte tiefe Lagen, betonte ihr dunkles, rauchiges Timbre und legte Wert darauf, nicht begleitet zu werden, sondern Teil des Bandgeschehens zu sein. Ihre Aufnahmen wirkten daher erstaunlich homogen. Sound und Instrumentierung waren auf die Stärken ihrer Stimme abgestimmt, ließen Raum für leise Details und ermöglichten eine effektvolle Dramaturgie der Diktion und fließenden, gebundenen Artikulation. Deshalb klang Billie Holidays bittere Anklage gegen die Lynchjustiz *Strange Fruit* genauso authentisch interpretiert wie Neil Youngs *Harvest Moon* oder der Blues-Klassiker *32–20* von Robert Johnson. »New Moon Daughter« wies außerdem mit seinem individuellen Vorlieben folgenden Repertoire und den effektvoll kargen, mit Instrumenten wie Banjo, Akkordeon und Pedal Steel ausgestatteten Arrangements den Weg in Richtung stilistischer Ursprünge im Folkblues des Südens, den Wilson in den kommenden Jahren weiter verfolgte. Und es wurde vielfach preisgekrönt, unter anderem 1996 mit einem Grammy als Best Jazz Vocal Performance.

World Saxophone Quartet

Revue

Black Saint BSR-0056CD

*Revue / Affairs Of The Heart / Slide / Little Samba / I Heard
That / Hymn For The Old Year / Ming / David's Tune / Quinn
Chapel A. M. E. Church*
Hamiet Bluiett (bar-s, alt-cl), Julius Hemphill (as, ss, fl), Oliver
Lake (ts, as, ss, fl), David Murray (ts, b-cl)
Paris, IRCAM Studio, 14. Oktober 1980

Als das World Saxophone Quartet (WSQ) 1976 gegründet
wurde, war es das erste Ensemble seiner Art. Die Idee
dazu hatte der Hochschullehrer Ed Jordan, der die Musiker erstmals für ein Konzert der New Orleans Southern
University zusammenführte. Von da an machten sich die
vier, bis auf den erst 20-jährigen David Murray aus der
Avantgarde-Bewegung hervorgegangenen Bläser selbstän-
dig und veränderten über mehr als ein Vierteljahrhundert
hinweg die Vorstellung der Variabilität des Saxofonklangs.
Denn sie legten Wert darauf, möglichst unterschiedliche
Klangräume zu gestalten, die mit früheren Satzformen wie
den bis dahin maßgeblichen Four Brothers von Woody
Herman's Second Herd nur noch wenig zu tun hatten.
Dementsprechend stilistisch umfassend sind vor allem
die frühen Alben des Ensembles angelegt, unter denen
»Revue« besonders konsequent die Gestaltungsabsichten
verdeutlichte. Das Titelstück zum Beispiel knüpfte mit einem Vaudeville-verdächtigen, humoristisch verklausulier-
ten Thema an die Unterhaltungtradition des frühen Jazz
an. *Affairs Of The Heart* würde für Streichquartett tran-
skribiert mühelos als Komposition aus der neuen Musik
durchgehen. *Slide* variiert in verschiedenen Transformati-
onsstufen ein einfaches Frage-Antwort-Thema bis hin
zum nur scheinbar simplen Big-Band-Satz. *Little Samba*

ist trotz des Titels eine überwiegend free ablaufende Flöten-Bassklarinetten-Phantasie, *I Heard That* hingegen ein derb herausgeblasener Blues mit New-Orleans-Anklängen. *Hymn For The Old Year* spielt mit lautmalerischen, exotischen Klangexperimenten, *Ming* ist eine Tenormeditation Murrays, die in einen ironisch gebrochenen Balladensatz im Stil der Dreißiger mündet. *David's Tune* schließlich erinnert noch am deutlichsten an die Orchesterarrangements der modernen Big Bands, allerdings auch hier nicht ohne das neoswingende Thema solistisch ausgiebig zu kommentieren. *Quinn Chapel A. M. E. Church* endlich ist eine kurze Fanfare als Ausleitung, so dass sich »Revue« insgesamt als buntes, im Unterschied zu späteren stilistisch eingängigeren Programmen deutlich noch aus dem Geist der Siebziger heraus experimentell geprägtes Klangmanifest präsentiert, das durch inhaltliche Vielfalt und instrumentale Kompetenz die Bedeutung des Ensembles unterstreicht. Insofern ist es ein idealtypisches Album, das gemeinsam mit »Steppin' with the W. S. Q.« (1979) und »World Saxophone Quartet« (1981) den Grundstein des internationalen Renommees des WSQ legte.

Lester Young

With The Oscar Peterson Trio

Verve 521 451-2

Ad Lib Blues / I Can't Get Started / Just You, Just Me / Almost Being In Love / Tea For Two / There Will Never Be Another You / (Back Home Again In) Indiana / On The Sunny Side Of The Street / Star Dust / I'm Confessin' / I Can't Give You Anything But Love / These Foolish Things / (It Takes) Two To Tango / I Can't Get Started

Lester Young (ts), Oscar Peterson (p), Barney Kessel (g), Ray
Brown (b), J. C. Heard (dr)
New York City, 28. November 1952

Lester Young (1909–1959) gehörte zu den rätselhaften
Gestalten der ersten prägenden Phasen des Jazz. Sein Ton
unterschied sich völlig von den gängigen Vorbildern seiner Jahre. Im Ansatz lyrisch, nicht dramatisch wie sein
Antipode Coleman Hawkins, klang er voll und zugleich
schwebend, transparent. Als Begründung dafür gab er an,
er habe sein Tenor wie ein C-Melody-Saxofon klingen
lassen wollen, woraus sich die Leichtigkeit der Klangauf-
fassung ergab. Darüber hinaus phrasierte er charakteristisch gebunden und rubato über das Metrum hinweg, einem Formideal folgend, das sich nicht am Blasinstrument
an sich, sondern eher an vokaler Stimmführung und
Sprachmelodie orientierte. Nach den großen Erfolgen in
den frühen Vierzigern in verschiedenen Big-Band- und
Combo-Besetzungen und einer traumatischen Militärzeit
bevorzugte er während seines letzten Lebensjahrzehnts
kleine Bands, die ihm Raum gaben und ihn nicht in neue
Formideale der Bebop-Ära zu pressen versuchten. Für
Young, der einst von Billie Holiday seinen Spitznamen
›President‹ (›Pres‹) erhalten haben soll, war daher das Trio
des jungen kanadischen, traditionsorientierten Pianisten
Oscar Peterson eine perfekte Umgebung für seine sophis-
ticated fließenden Linien, mit denen er der Hektik der
Hipster von der 52nd Street entgegentreten konnte. Die im
November 1952 entstandenen Aufnahmen, die unter ver-
schiedenen Titeln auf 10'- und 12'-LPs erschienen (u. a.
»The President Plays«, »The President« und »Lester
Young With The Oscar Peterson Trio«), dokumentieren
dabei einen seiner glänzendsten Tage vor dem Mikrofon.
Die rhythmischen Experimente in *Ad Lib Blues* etwa
denken bereits die rhythmischen Avantgardeexperimente
der folgenden Jahre an, der melodische Fluss von *Almost*

Being In Love ist von zwingender Eleganz und Dramaturgie, sein retardierendes Solo über *Tea For Two* nötigt
der Bebop-Geschwindigkeit ein über die Skalen hinausge-
hendes Formbewusstsein ab, und Klassiker wie *On The
Sunny Side Of The Street* gelingen ihm mit vollendeter
Klangschönheit. Es mag historisch noch bedeutendere
Platten von ›Pres‹ geben, ästhetisch ausgewogenere und
musikalisch persönlichere als »Lester Young With The
Oscar Peterson Trio« (das eigentlich ein Quartett ist) findet man kaum.

John Zorn
Naked City

Nonesuch 7559-79238-2

*Batman / The Sicilian Clan / You Will Be Shot / Latin Quarter / A
Shot In The Dark / Reanimator / Snagglepuss / I Want To Live /
Lonely Woman / Igneous Ejaculation / Blood Duster / Ham-
merhead / Demon Sanctuary / Obeah Man / Ujaku / Fuck The
Facts / Speedball / Chinatown / Punk China Doll / N. Y. Flat
Top Box / Saigon Pickup / The James Bond Theme / Den Of
Sins / Contempt / Graveyard Shift / Inside Straight*
John Zorn (as), Bill Frisell (g), Wayne Horwitz (keyb), Fred Frith
(b), Joey Barron (dr), Yamatsuka Eye (voc)
New York, 1989

John Zorn (* 1953) collagiert, montiert, zitiert. Von den
Postmodernisten des Jazz ist der New Yorker Komponist
und Saxofonist der Konsequenteste. Seine Projekte reichen von der Revitalisierung jüdischer Stadtfolklore mit
Masada über Soundtracks, Kammer- und Orchestermusik
und unterschiedliche Soloprojekte bis zum Noise-Sound-
Stilpluralismus von »Naked City«. In diesem Fall geht es

ihm um eine Form des akustischen Nebeneinanders, das durch Beschleunigung der Arrangements den linearen Höreindruck relativiert. Sieben der 26 Kompositionen stammen aus fremder Feder, die übrigen 19 Stücke zappen sich durch ein aberwitziges Stilpanoptikum von Country- und Vaudeville-Anspielungen über Cartoon-Begleitung bis hin zu Cool Jazz, Free, Noise Punk, Hardcore und Speed Metal. Dabei erweisen sich alle fünf Musiker – Yamatsuka Eye ist lediglich Gast der Combo und schreit bei ein paar Nummern Unverständliches mit aggressiver Energie dazu – als musikalisch verblüffend flexibel und für manche Zitate aus der Subkultur beinahe zu perfekt. Charakteristisches Merkmal der Arrangements ist neben der Kürze der Stücke der übergangslose Wechsel zwischen einzelnen motivischen Elementen und der Hang zu Lärm und mit Instrumenten erzeugten Geräuschen als akustisches Kontrastmittel. Das gilt sowohl für die Grobgliederung des dramatischen Ablaufs wie für die Binnenstruktur vieler Kompositionen. Songs wie *Latin Quarter* oder *Saigon Pickup* kombinieren mühelos in sich ein Dutzend konträrer Atmosphären, Tempi, Stilfragmente. Zorns Kunst und die seiner All-Star-Band aus dem Avantgardekreis um den New Yorker Club Knitting Factory besteht darin, diesen Motivquirl der pluralen Ausdrucksmöglichkeiten derart souverän zu betreiben, dass die Textur weder auseinanderfällt noch beliebig wirkt. So ist »Naked City« ein symptomatisches Album. Es ist Ausdruck einer neuen, wertoffenen kreativen Urbanität der frühen Neunziger, was auch das geschmacklose Foto einer Leiche von dem Sensationsreporter Weegee als Cover unterstreicht. Es zeigt, dass man aus stilistischer Ratlosigkeit durchaus ein Konzept machen kann. Und es überschreitet wie nebenbei die Genregrenzen zwischen Rock, Punk, Avantgarde, Improvisation. Schon deshalb ist es ein Meilenstein der Jazzgeschichte.

Nachwort

Neugier als Prinzip

Einen vernünftigen Überblick und damit einen Einstieg in die komplexe Welt des Jazz auf 120 CDs zusammenzustellen ist eine große Herausforderung. Jeder Liebhaber dieser Musik wird daran verzweifeln, dass er mehr weglassen muss, als er nennen kann. Dieses Buch hat sich an ein solches Unternehmen gewagt und die schmerzliche Erfahrung der Reduktion auf sich genommen. Das ist ihm aber so gut gelungen, dass das verbleibende Gerüst ein tragfähiger Rahmen wurde, an dem sich jeder Käufer und Sammler orientieren kann, egal ob er ein Anfänger in Sachen Jazz ist oder bereits eine Vorliebe für diese Musik hat. Auch versierte Jazzfans werden Anregungen finden und bisher vielleicht vernachlässigte Epochen dieser seit über 100 Jahren in ständiger Bewegung befindlichen Kunstform entdecken. Denn der Jazz ist so vielseitig, dass kaum jemand einen kompletten Überblick über alle Stilrichtungen hat. Eine Zusammenstellung wie diese kann daher sehr hilfreich sein.

Auf den 120 ganz speziellen CDs sind über 1000 verschiedene Musiker zu hören. Das bedeutet für den Anfänger ebenso viele Einstiegsmöglichkeiten in diese Musik und für die Fortgeschrittenen eine Menge von Nebenwegen, die ungewohnte Hörerlebnisse erschließen. Was im ersten Moment als bescheidene und fast willkürlich scheinende Ansammlung von Empfehlungen wirkt, entpuppt sich bei näherer Betrachtung als Fundgrube. Nicht nur, dass die Vielzahl der Interpreten immer tiefer in die Materie führt, jeder bisher unbekannte Name macht neugierig auf weitere Musiker dieser Stilrichtung.

Viele stilbildende Künstler haben ganze Generationen von jungen Musikern, die nach ihnen kamen, beeinflusst und dabei musikalische Entwicklungen angestoßen, die wie ein Domino-Effekt wirken. Wer eine CD von Coleman Hawkins mehrmals hört und sich etwas intensiver mit dessen stilistischer Entwicklung beschäftigt, kommt zwangsläufig auf Saxofonisten wie Chu Berry, Gene Ammons, Lucky Thompson, Buddy Tate, James Moody, Eddie ›Lockjaw‹ Davis und viele andere, die in dieser Liste nicht besonders vorgestellt werden. Von Charlie Parker gehen direkte Linien zu Sonny Stitt, Phil Woods, Jackie McLean, Sonny Criss bis hin zu Altsaxofonisten der jüngeren Generation. Aber auch umgekehrt gibt es Entdeckungen. Wer zuerst den Epigonen Scott Hammilton auf dem Tenorsaxofon hört, wird sicher von dessen Lehrmeister und Vorbild Ben Webster begeistert sein. Nachschlagewerke in Sachen Jazz können zwar nur theoretische Kenntnisse vermitteln, zeigen aber diese Verbindungen auf und unterstützen damit die Suche nach mehr Musik.

Das gilt für alle der hier ausgewählten Instrumentalisten. Hinter jedem der beispielhaften Namen öffnen sich weitere Entwicklungslinien. Nicht allein die begrenzte Zahl der aufgeführten CDs macht daher deren Wertigkeit aus, sondern die Möglichkeit, selbst auf Entdeckungsreise zu gehen. Es ist sehr befriedigend, einen Musiker, der in einer bescheidenen Begleitfunktion Aufmerksamkeit findet, bei anderer Gelegenheit auf einer eigenen CD als inspirierten Bandleader zu hören. Umgekehrt ist es aber auch spannend, einen großen Solisten musikalisch in seine Anfänge zurückzuverfolgen, in denen er ›nur‹ als Sideman mitwirkte. Manchmal sind es auch die mehr oder weniger informativen ›Liner Notes‹, die in den Booklets der Platten Anregungen vermitteln. Der Erweiterung musikalischer Kenntnisse sind bei dem interessierten Jazz-Liebhaber daher keine Grenzen gesetzt.

Beispiel Rhythmusgruppe: Sie kann zurückgenommen einen Solisten begleiten und zugleich neue Türen des Hörens öffnen und zu weniger bekannten Formationen führen. Denn Piano, Bass und Schlagzeug bildeten oft eine derart homogene Formation, dass die gleichen Musiker von ganz unterschiedlichen Solisten als rhythmisches ›Sicherheitsnetz‹ verpflichtet wurden. Dadurch ergeben sich immer wieder andere Zusammenhänge. Und dieses Schneeball-System ermöglicht es, weit in den Kosmos des Jazz einzudringen, selbst wenn man nur einen kleinen Ausschnitt aus der Szene exemplarisch vorstellen kann.

Wie breit gefächert so eine Spurensuche werden kann, zeigt sich am Beispiel des Pianisten Wynton Kelly. Als Bandleader taucht er in den offiziellen Diskografien nur etwa 30 Mal auf. In einer der swingendsten Rhythmusgruppen des modernen Jazz ist er unter anderen mit den Bassisten Paul Chambers, Franklin Skeets, Aaron Bell oder Keeter Betts und den Schlagzeugern Philly Joe Jones, Max Roach, Charlie Persip oder Jimmy Cobb jedoch über 240 Mal als Begleiter von Musikern wie Dizzy Gillespie, Art Farmer, Johnny Griffin, Lee Morgan, Sonny Rollins, Miles Davis sowie den Sängerinnen Billie Holiday und Dinah Washington und vielen anderen Heroen des Jazz zu hören. Darin zeigt sich, was ein einziger Künstler bewirken kann, und die vorliegende Zusammenstellung enthält viele Instrumentalisten dieses Kalibers. Im Zusammenwirken mit einem der tabellarischen Standardwerke über die Entwicklung der Jazzmusik wiederum wie etwa dem Bielefelder Jazz-Katalog, der alle wesentlichen lieferbaren CDs verzeichnet, einer guten Beratung in einem der leider selten gewordenen Fachgeschäfte oder auch beim gemeinsamen, aktiven und kommunikativen Hören der Musik lassen sich die eigenen Kenntnisse dann kontinuierlich erweitern. Wichtig ist, dass man offene Ohren auch für unbekannte Dinge hat.

Eine Zusammenstellung wie die »Basis-Diskothek Jazz« kann daher keine dogmatische oder ultimative Empfehlung sein, wie eine Jazz-Sammlung auszusehen hat, sondern vor allem die vielen Möglichkeiten aufzeigen, sich mit der Musik je nach persönlichen Vorlieben zu beschäftigen. Es wurden exemplarisch wichtige Aufnahmen der Musiker für alle Stile ausgewählt, aber durch die beschränkte Anzahl sind sie immer nur eine Anregung, sich dem überaus vielseitigen Thema Jazz zu nähern. Und das ist der Sinn eines Kanons, wie ihn die vorliegende Sammlung bietet.

Manfred Scheffner

Verzeichnis der Titel nach dem Jahr der Erstaufnahme

1964	Albert Ayler: Spiritual Unity
1964	John Coltrane: A Love Supreme
1964	Eric Dolphy: Out To Lunch
1964	Wayne Shorter: Ju Ju
1965	John Coltrane: Ascension
1965	Herbie Hancock: Maiden Voyage
1966	Cannonball Adderley: Mercy, Mercy, Mercy
1966	Cecil Taylor: Conquistador!
1968	Peter Brötzmann: Machine Gun
1968, 1970/71	Carla Bley: Escalator Over The Hill
1969	Miles Davis: Bitches Brew
1969	Charlie Haden: Liberation Music Orchestra
1971	Anthony Braxton [u. a.]: Circle – Paris-Concert
1971	Mahavishnu Orchestra: Inner Mounting Flame
1972	Chick Corea: Return To Forever
1972	Chick Corea / Gary Burton: Crystal Silence
1973	Ella Fitzgerald: Take Love Easy
1973	Herbie Hancock: Head Hunters
1974	John Abercrombie: Timeless
1974	Stéphane Grappelli / Earl Hines: Stéphane Grappelli Meets Earl Hines
1975	Keith Jarrett: The Köln Concert
1975	Randy Weston: Nuit Africaine
1975, 1976, 1980	Albert Mangelsdorff: Three Originals
1976	Al Jarreau: Glow
1976	Weather Report: Heavy Weather
1978	Art Ensemble of Chicago: Nice Guys
1979	Jack DeJohnette: Special Edition
1979	Jan Garbarek / Egberto Gismonti / Charlie Haden: Folk Songs
1980	Grover Washington Jr.: Winelight
1980	World Saxophone Quartet: Revue
1981	Miles Davis: We Want Miles!
1982	Pat Metheny: Travels
1982	Archie Shepp / Jasper van't Hof: Mama Rose
1983	Keith Jarrett: Standards, Vol. 1
1984	Bobby McFerrin: The Voice
1985	Tito Puente: Mambo Diablo
1986	Lester Bowie: Avant Pop
1987	Ornette Coleman: In All Languages

Verzeichnis der Musiker

Zum Autor

RALF DOMBROWSKI, geb. 1965, Studium der Germanistik und Geschichte, ist seit 1994 als Journalist und Musikkritiker regelmäßig für die *Süddeutsche Zeitung*, den Bayerischen Rundfunk und zahlreiche Fachmagazine aktiv. Außerdem ist er Buchautor (*John Coltrane – sein Leben, seine Musik, seine Schallplatten*, 2002) Pianist, künstlerischer Leiter verschiedener Festivals (u. a. European Jazztival, Schloss Elmau), vierfacher Familienvater, Überzeugungstäter in Sachen Jazz.

Jazz, Rock und Pop bei Reclam

Basis-Diskothek Jazz. Von Ralf Dombrowski. 235 S. UB 18372

Basis-Diskothek Rock und Pop. Von Uwe Schütte. 231 S. UB 18342

»but I like it«. Jugendkultur und Popmusik. Hrsg.: Peter Kemper, Thomas Langhoff und Ulrich Sonnenschein. 440 S. UB 9710

Jazz-Klassiker. Hrsg.: Peter Niklas Wilson. 816 S. 98 Abb. 2 Bde. kart. in Kass.

Lonardoni, Markus: Popularmusiklehre. Pop, Rock, Jazz. Harmonielehre – Komposition – Arrangement. Mit Aufgaben und Lösungen. 352 S. zahlr. Notenbsp. Mit 77 Hörbeispielen auf CD. UB 29604

Reclams Jazzlexikon. Personenlexikon hrsg. von Wolf Kampmann. Sachlexikon von Ekkehard Jost. 688 S. 82 Abb. 12 Notenbsp. (Geb.)

Rock-Klassiker. Hrsg.: Peter Kemper. 1587 S. 59 Fotos. 3 Bde. kart. in Kass.

Philipp Reclam jun. Stuttgart